大展好書　好書大展
品嘗好書　冠群可期

大展好書　好書大展

品嘗好書　冠群可期

理財、投資 3

籌碼決定論
—抓飆股之最佳利器

黃國洲／著

大展出版社有限公司

目 錄

共勉篇

讀者來E-MAIL

<1>

最近看完三遍黃先生您的大作——突破股市瓶頸，

覺得真是古今難得的股市大作，或可說是鉅作，最近順著您的方法，

尤其是太極心法。漸漸能聽到股市的「勁」，短天期配上日本陰陽線（k線）戰法與酒田戰法的輔助，漸漸看出股市中的力道。心裡不再迷惘。

而您書中的太極原理，已經讓我對太極拳感到興趣。現在正要請學太極拳的朋友，推薦一些拳經來看看，若是您有空，我想向您多多學習。

我 64 年次，國立大學研究所。請問您是哪家券商的經理人？

我可以過去開戶（我住台北），順便請益。

（至少要幫我在書上簽名）

alvin 林

<2>

國洲大哥：您好！

拜讀大師巨著，頓悟股海長生之道。猶如一指太極神

勁打通任督二脈。「購股獲利為本，營市格局為重。趨勢利基之母，籌碼漲跌之鑰。只設停損不設停利，精研心法克服人性。乃長生於股海之秘也。」以上是小弟我認真閱覽巨著後的一點心得，寫下做為自我出入股市的座右銘。善心之人必有善報。日後希望大師不惜多給小弟指教將不勝感激。謝謝！並祝闔家平安，步步高昇，營利滿堂。

弟　小文敬上

<3>

　　黃經理您好：

　　我是一位股市新鮮人，資歷很短，在股市中相對也繳了不少的「學費」，哈。

　　因周遭的同事朋友大多和股市有來往，「散戶」的故事也一而再我身邊不斷地發生。

　　因為我相信，一套屬於自己的操作方式除了經高手經驗指點並加以靈活運用外，最笨（古老）的方法應屬用血（血汗錢）、淚及不斷的挫折累積孕育而成，（假如在市場中還沒陣亡）。由於我的堅持，以致於我的操作模式一直和左右鄰兵有所不同，更希望終能尋找出屬於自己的羅馬大路。由於敝人所讀股市類書（今日看來皆為皮毛）一直無法突破操作上瓶頸，上天有幸巧賜機緣，因能拜讀您的大作，而讓我能茅塞頓開。透過您的思路更再次印證我的想法，猶如茫茫

大海中突現一盞明燈。字語中一言一句，皆透露寶藏之處，即使再三細品玩味，也不覺乏味枯燥。俗話說的好：「書中自有黃金屋」，真的著實在貴書讓我找到了寶藏。

所謂股市三重山：～～見山是山～～見山不是山～～見山就是山。

黃經理已達最高境界，今日有幸能吸取您的功力，祈望借力使力安然度山。

深感之餘，胡言亂語，難登大雅，尚祈大量！

也期待望經理能再次不吝私藏，繼續提筆，造福廣大散戶！末祝

如意順心

散戶　小魚　敬上

ps.爾後如有不解之處，是否能去函賜教？

<4>

黃經理您好！

我是在 9/2 買了您的大作——《突破股市瓶頸》，覺得內容棒極了！我也正在練習聽勁（看量）的功夫，金融操作就是要「順勢」才能賺多，「停損」才能賠少，其實這道理，散戶也都懂，但真能做到「知行合一」者就不多了！

我也想學太極拳，能否介紹上哪學可把基礎打好，再搭配大展一系列太極拳書籍研究入門，因我這兩年天天研究股

市行情也沒賺到錢還把身體搞壞了，所以想學太極拳健身。

讀者　惠德隆　敬上

<5>

黃 sir 您好，

弟是您的大作《突破股市瓶頸》的讀者。六月中在書店找到您的這本書，深覺非其他「庸書」可比，弟至今已拜讀二回。對於您書中所闡述「順勢」與「停損」的觀念，深深受到啟發。目前，正嘗試著應用您所提出的觀念與方法。不過，對於書中「買後兩日未漲」的停損策略有一些疑問，想冒昧求教您。

首先，您所說的「兩日未漲」，是說「今日買，若明日、後日收盤未上漲，後日盤後或大後日即出」的意思嗎？還是說「買進後，只要有連續兩日未漲即出」呢？若是前者，當買進後兩天都漲，就可以繼續持有，那麼什麼時候賣出呢？

以上疑惑，還請您不吝解惑。謝謝。

後輩讀者　徐長清

<6>

黃先生：

在書局買到您的大作，一回家徹夜不眠的把它讀完了，覺得真是近年來股市的大作，尤其把太極拳中的捨己從人，

運用到股市裡來，真的是絕妙好辭。最近又細讀了一次，其中對於籌碼計算仍然不甚了解，如果您要開計算籌碼的課程的話，我絕對第一個報名，非常期待您的教學出現。

JOHN李

<7>

黃老師您好：

經過朋友推介看了您的大作《突破股市瓶頸》，結果發覺過去在股市的自己完全犯了老師所說的錯誤，曾經大賺也大賠，很抱歉沒珍惜書已經被我翻爛了，其中的停損和順勢已謹記在心，但學生不懂的是您說的常設停損是以買進價位還是以每日收盤的價位跌 10% 呢？學生資質魯頓請老師不吝教導，謝謝老師！或許我以後仍是小散戶，但我深信老師的話——順勢而為

敬祝　教安

學生　卓恆

<8>

國洲先生您好：

最近經由分析師利樂老師的介紹，購買您的書來看，一看之下驚為天人。沒想到自己的投資觀念，能被您一語道破的說出來，讀您的書心中真是暢快之極！好像找到老朋友一

樣，也好像是自己的操作心得，於是我又多買了七本分享給我的朋友，也希望他們能在看完這本書之後，能把自己的投資能力提升起來，不再追高殺低，胡亂預測走勢。

祝大安

讀者　徐建祥

<9>

國洲先生您好：

拜讀大作《突破股市瓶頸》感覺受益良多，也深深體認到為何一般人，總是一再失利於股市，因為他們（包括我）根本不懂得「順勢」與「停損」。雖然大作讀了三遍，但仍然意猶未盡，而且就股市而言，個人覺得是「知難行更難」，實在有必要多吸收一些實戰經驗，以免傾家蕩產。期待您再出書（第二部巨作《投資眾生相》已讀過）或者舉辦實戰課程。

上週（5/27～5/31）再次請假未到公司，家中網路無法收發 e-mail，以致未能及時收到您的課程通知，再次錯過您精彩的籌碼分析課程，感到十分懊惱。同時，也對您苦心研究的籌碼計算，能以不藏私的氣度與大眾分享，感到十分欽佩。另外，也感謝您的大作《突破股市瓶頸》在最近幾個月

來，真的對我幫助很大。

祝

萬事如意，身體健康

讀者　潘光華敬上

自 序

　　這不是一本教人分析財務的書，也不是一本教人技術分析的書，而是透過大量實戰經驗，不斷改良的教戰手則。本書既不想大聲疾呼改良市場，也無意讓現今所有的技術分析相形遜色，它的目的只有一個，就是讓自己在股市交易中「獲得利益」。其他的，就讓市場像現在一樣的存在吧！

　　台灣現在的經濟體系獨樹一格，從未在歷史上出現過，既不像歐美自給自足的大陸型經濟，也不像中國大陸物產豐富、人口眾多的開發中國家經濟，由於政治因素，也無法像新加坡、香港成為轉口貿易經濟，加上近日來居民有顛覆傳統的習慣，喜歡否認前人的作為。所以，也不像日本、南韓等愛護傳統國家的島國經濟。無以名之，勉強稱之為外訂單型經濟。

　　我們經濟的特色在於，凡屬於內銷型的經濟活動，都無法穩健獲利，而外接訂單的公司卻收穫頗豐。

　　例如：營建業、傳統產業已蕭條將近十餘年，電子業卻蓬勃發展，彼此卻不會相互影響。證明現在台灣現在經濟都是靠外來訂單來養活國內經濟。加上對外訂單依賴頗重，國際經濟稍加不理想，訂單減縮，台灣經濟就容易大震盪。所以，也可以說是淺碟型經濟。

　　台灣經濟既然從未在經濟歷史上出現過，當然它的行為模式也不能用以往的歷史當作參考。我們都知道，股市是反映一國經濟的櫥窗，經濟強則股市漲，經濟弱則股市跌，雖然股市有領先作用，但是最終還是在於反映國家經濟。在這種前提下，台灣股市也必須反映台灣經濟，而台灣的經濟體系卻自成一格，股市勢必與各國不同。

　　只可惜了解這種真意的投資人並不多，何以見得呢？我們從股市分析系統都是沿用歐美、日本這一點上就知道了。台灣的淺碟型經濟反應在股市上，一定是既敏感又快速，決不會像歐美、日本股市的沉穩與影響幅度深遠。所以，拿他們分析股市的技術來套用台灣的股市，絕對無法適用。可見真正了解的人還是不多！

　　可是就算我們知道如此，又能怎樣呢？畢竟有能力改變現況的人，並不多見。不過筆者卻認為：既然知道弊端，就應該勇於改革。既然不對，就不可再沿襲舊有錯誤模式，就算只加入一點心力，也值得讚許。於是筆者不才於年前創立了「順勢、停損投資法」，深獲投資人的讚許。卻又深感於投資人沒有「判斷趨勢」的有效工具，無法及時做出「順勢、停損」的動作。於是潛心研究判斷走勢的真正之道；結果皇天不負苦心人，終於讓我在努力許久之後，通曉了股市分析之真正方法。

　　領悟到想了解股市變化，應該由根本的「量、價關係」

深入到「籌碼研究」，才是正途。以往的技術分析只強調「價」的變化，對於價的走勢做了太多的著墨，對於「量」的探討卻草草了結，可是兩者應該並重才對。有鑑於此，筆者從「量價關係」、「籌碼研究」著手，從中發現了股市的真理，還因此自創出一套技術分析方法，以方便窺得股市真正的脈動。後來實際運用於股市時，才發現股市分析變成極為簡單之事，這套方法不但適合台灣股市，更適合全世界股市，這才體會到它才是股市分析的真髓，並非僅限於台灣股市而已。

　　讀者在讀完本書之後，勢必在筆者的潛移默化之中，不知不覺的轉變觀念，成為一位投資大師，感覺自己如同打通股市的任督二脈，對於這套方法也能夠運用自如，之所以會有如此的共鳴，乃是因為「真理永藏人心」，筆者不才，只是把它挖掘出來而已。

　　這套方法，筆者名之為「籌碼線」。

黃國洲

萬物運動皆不離籌碼（前言）

　　股票市場若上漲，有人會說是景氣復甦、上市公司賺錢、基本面變佳，甚至說成技術面的反應。而當股票市場下跌時，又有人會說是景氣變差、上市公司虧錢、基本面變差，技術反彈結束等等，真的是如此嗎？

　　如果真是如此的話，獲利第一名的股王聯發科就不會從民國九一年四月份的 780 元，到民國九一年六月份下跌只剩下 412 元，在這三個月當中，股王聯發科還頻傳獲利佳音，可惜股價卻不給面子下跌了 48%。它的下跌好像跟上面所說的原因沾不上邊，那到底是什麼導致股市變化？我們應該真正去思索，到底是什麼影響了股價的上漲、下跌？而不是聽由一些所謂的股市專家替我們的股票「算命」！如果沒有這樣的覺悟，投資人永遠會落入「二、八法則」的命運，80%的人都會投資虧損。

西風壓倒東風

　　我們放眼觀察，在世界上的任何物體如果會移動的話，勢必是因為它平衡點不再存在。

　　如一艘帆船，它若能向東行駛，那就表示西風是大於其他方向的風。一隻小鳥飛得起來，那就表示它翅膀的搧力大於地心吸力。一班火車能夠在鐵道上急駛前進，那就表示它

啟動的動力大於其他的外作用力。甚至一顆行星之所以會繞著恆星運行，也是因為它被恆星吸引牽扯之故。從以上的事物來看，我們知道凡是世間萬物若要移動，勢必要有一股力量大於其他方向的力量才行。也就是說，帆船要向東行，就勢必西風大於東、南、北風，可是當西風一旦停吹了，帆船也就不能向東行駛，變成可以向任何方向行駛。

籌碼因素

於是我們依此理，就可以確定當西風最強的時候，帆船向東行駛，這時候西風在籌碼上是最具備優勢的。

也就是說，西風「籌碼」的多或少，影響了帆船走向的遠、近。當西風船吹完之後，籌碼優勢不在了，帆船也就不再向東行駛。而且這個定理可以運用到任何事物上面，若鳥不再振翅、火車沒動力、恆星爆炸了，那鳥就無法在空中飛翔，火車也須停留在鐵軌上，行星則不再繞著恆星公轉。

所以，我們可以定義為：萬物運行的方向皆是聽由籌碼累積最強勢的方向決定。

股票市場價格的漲跌可不可以運用以上的定理呢？

答案：當然可以！因為那是萬物移動的真理。於是讓股價產生變化的原因，因此得以解開。那就是「籌碼」。籌碼的累積讓股價上升，籌碼的潰散讓股價下跌，正因為如此，我們可以知道股價上漲的原因，不再是公司基本面好、公司獲利佳，這些因素是讓籌碼集中的「理由」，而不是讓股價

上升的直接原因。籌碼集中的原因還有更多的因素，如主力
炒作、跌深、突然的大利多，都可以讓股價上升。相反的，
也可以理解為什麼獲利屢創新高，而股價卻開始下滑？這乃
是因為籌碼的累積力道促使股價上升，由於籌碼無法再累積
了，於是股價應聲滑落，這時就算獲利屢創新高也是毫無用
武之地，無法讓股價再繼續上漲，一切以「籌碼角度」來看
，是如此自然。

實戰法則

　　筆者有鑑於此，於本書中揭露真正促使股價波動的原因
，是為了要有效的掌握該項原因，筆者還自創的一種判斷指
標──「籌碼線」。使用的過程當中，筆者也曾經傳授給數
百名的投資人，獲得他們一致的好評，在他們的督促之下，
筆者於是不吝把這項絕技推廣給廣大的投資人。這項技巧學
會之後，投資人的看盤功力絕對會大幅提升，甚至一下就超
越許多當世有名的股市分析師，進步的原因乃在於佛家禪語
說的：「直指人心」，把對的方法，放在對的事情上，當然
事半功倍嘍！

本書的用法

　　本書的編排共分為三大篇，三篇環環相扣，缺一不可。

　　第一篇是觀念篇，裡面把現今在股市不對的觀念一一提
出檢討，等於是替讀者剖心洗腸了一遍，然後再把正確的觀
念灌輸給讀者。有了第一篇的觀念之後，等於有了 60% 的

能力。若讀者已讀過《突破股市瓶頸》一書,或者已有「順勢操作」的觀念,或者心急的話,可直接進入第二篇。

　　第二篇是操作篇,在第二篇裡,會把價量關係一一分析清楚,還會把投資操作的重點說明清楚,然後帶領讀者畫籌碼線,再教導籌碼線的正確看法。這一篇有習題作業,筆者希望讀者能確實練習,在習題後面都已附上正確的答案。若能完全明白並執行第二篇的做法的話,讀者就已經有 95%的能力,這時候您的功力已經大大超越一般市場上所謂有名的分析師,最後剩下的5%在第三篇裡。

　　第三篇是共勉篇,把先前的學員學過「籌碼線」之後,所產生的一些問題一一解答,以便讀者有相同困惑時,也能夠有所答案。這篇也把股票市場的歷史起源做個交代,順便把市場上在使用的專有名詞一一解釋清楚。在性質上屬於證券業內的讀者自我充實之用。讀者若能讀完以上三篇的話,大概也可以成為一個稱職的個人股市分析師吧。

　　我們就開始我們的投資之旅吧!

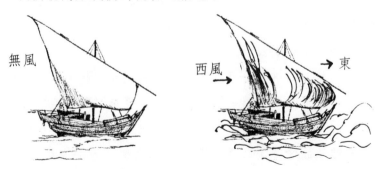

無風　　　　　　　　　西風　→　　→東

觀念篇

*1.*看基本面買股票有用嗎？

何謂基本面？

　　基本面對任何一家上市公司而言，如同是身體的定期健康檢查。證管會規定凡是上市（櫃）公司，一律在每月初都要提出上個月的月報，每一季完了，都要提出季報，一年也要提出年報，一年終了還要對未來一年，提出財務預測。這就是在確保上市（櫃）公司營收的狀況能夠被投資人檢驗。這也是證管會的美意，以確保投資人的權益。這就是基本面的骨架。

　　至於公司突然接到大訂單、公司突然虧損巨大，公司業外投資賺錢或賠錢、與競爭對手較量的輸贏等等。這些經營上的突發事件，則屬於基本面的外表、血肉。這些結合骨架之後，全部經營的狀況就稱之為基本面。

基本面重要嗎？

　　基本面當然非常重要，因為基本面影響到整個公司的營運，賺錢或者賠錢，甚至於一家上市（櫃）公司的存在與消滅。所以，基本面的揭示對於投資人而言，是最為重要的。

能以基本面當作投資基準嗎？

如果您有絕對多餘的錢，可以把錢投資數年不動的話，我建議您可以上市（櫃）公司的營收狀況當作投資的準繩。但是如果您和我一樣，沒有太多的閒錢，想將本求利，甚至一翻好幾倍的話，我建議您把基本面當作篩選股票的第一道關卡就好，上市（櫃）公司一千多家，營收好的公司多的是，過完第一道關卡之後的公司，仍然有許多的變數。

為什麼？

「投資賺錢的公司」這觀念，一定是沒錯的。但是，錯就錯在您投資的公司真的賺錢嗎？以下是一般投資人的問題：

①您得到的資訊到底是真的嗎？

上市（櫃）公司的營收定期都會有財報出來，這些財報一般而言，都已經過會計部門的修飾，重大虧損訊息往往被輕輕帶過，甚至被隱藏起來，到不得已時才會爆發出來。

而除了定期的財報之外，有些公司還會召開記者會，說明公司的現況，大部分也是報喜不報憂，只講公司接到一筆大訂單，或者研發出一種新產品等。對於公司營運有困難的地方，從未見到有上市（櫃）公司主動召開記者會說明的，除非是內鬥。

還有些報社雜誌記者他們會去採訪上市（櫃）公司，然

後揭露一些公司的營運狀況，這又牽扯到記者對該家上市（
櫃）公司的喜惡，往往是兩家報紙或雜誌的報導南轅北轍，
一家報導認為現況很差，另一家可能報導變成前景可期，對
於現況的解釋完全不同，這兩家您要聽誰的？有時候，他們
的署名是「本報訊」，完全不署記者名字，您又該如何判別
真偽呢？

②您得到的資訊時間及時嗎？

一般的投資人，其可憐處就在於，無法掌握資訊的「及
時性」。一個消息勢必經過層層關卡之後，才能到您的手中
，這還不包括消息被扭曲、放大，而且您是最後一個知道資
訊的人，如果您是看報紙才知道現在什麼行業最賺錢的話？
那您一定是最後一個知道該行業賺錢的投資人。因為一旦連
報紙都揭露了，那不是已經到「誰人不知，誰人不曉」的境
界了嗎？所以，一般沒特殊管道的投資人，都是屬於最後一
隻老鼠。這也是為什麼上市（櫃）公司董（監）事往往是股
票市場的大贏家，而散戶都是輸家。答案就是出在資訊取得
的即時性。

預測產業面有用嗎？

有些分析師、投資人很有天份，他會計算產業的週期，
甚至有商業敏感度，能預測產業盛衰。所以，他會先買進下
一波產業不錯的股票卡位。這樣投資法好嗎？

當然有這能力，幾乎就已經具備先卡位、先佔好位的能力了。但是千萬要記得一件事情，那就是「卡位」是不是領先的問題，萬一卡位是卡位了，但是，早就有許多人也看好該產業也已經卡位，真正時候到了，股價反而不升反跌。例如：民國九十一年初的TFT-LCD產業，雖然還未產業復甦，可是三大法人、中實戶、散戶拼命的在卡位，真正在產業訂單滿載之時，股價反而下跌。原因乃在於沒有人當推手，大家都已經坐在車上，沒人推車，最後車子只好下滑，這又告訴我們籌碼太集中，股價勢必崩潰。

由以上的觀點我們知道，基本面是產業的命根，但是因為投資人很難及時知道正確的產業消息，所以常常變成最後一隻老鼠（替貓掛鈴鐺），以致於投資失利，並且預測產業去卡位也常常不如意，所以，我們應該換個更好的投資策略，才能保障自身投資的安全。

*2.*本益比有用嗎？

看過《突破股市瓶頸》一書的讀者大概都會有印象。該書裡面有一章名為「把本益比丟進股市垃圾筒」。就知道筆者對於本益比運用在投資股票上，所造成的負面影響，有多麼深惡痛絕。

為什麼

本益比的原意為「把投資的錢當作本金,而把獲得的利潤,當作是利益,兩者比較的比例」。

例如說:本金100元,公司一年可賺5元(稅前盈餘),本益比就是20。

單純的比例關係應該是:

投資的金額／獲得的利潤

但是放在股市裡卻變成:

你投資進去的金額／公司獲得的利潤

在股市裡,投資的錢無法跟獲利相比較。因為在股市裡只要沒賣出股票,就無法知道投資獲利到底是多少?甚至有時候是虧損,也不一定。所以,這指出股市本益比錯誤的原因,在於錯誤的比價,把不能相互比較的東西,拿來相互比較。這是因為:

公司的獲利＝投資人的獲利

而本益比卻認定

公司的獲利＝投資人的獲利

投資人的真正獲利是投資的結果,顯示在銀行存摺裡的差額。而公司的獲利卻是該年度的總營收狀況,兩者並不相等,現在的本益比觀念卻把兩者混合為一。

延伸錯誤

所以，一般最愛用本益比的投信法人也發現本益比的不對，可惜它們不但不捨棄，還另外延伸了一套做法，那就是預估本益比，預估本益比的公式如下：

投資進去的金額／公司預估獲得的利潤

這問題所犯的錯誤又更大了些，問題出在台灣的上市（櫃）公司財務預測常常不準確。可能預估賺明年賺2元營收的財測，年底一結帳之後，卻發現倒賠1元的上市（櫃）公司比比皆是。而且就算是預估準確好了，也犯了

公司的獲利＝投資人的獲利　的錯誤假設。

甚至還有許多的投資研究部門，還大剌剌的把「本益比排行表」，當作是推薦給客戶的錦囊妙計。本益比愈低的公司，愈建議客戶勇於買進，殊不知把這種錯誤的推演當作是法寶的做法，有極其可怕的後果。因為本益比愈低者表示股票愈沒人要，投資人害怕該公司存在的隱藏風險，本益比太低者正表示該股票有「地雷」未引爆的可能性，正所謂「低者恆低，高者恆高」。

所以，本益比愈低者股價愈容易跌，本益比愈高者股價愈容易漲。因為股價是在反應「買氣」，而不是在反應單純的比例關係。

本益比在股市裡是無用的。股票投資人的真正本益比是

銀行存摺的正負差額，可是誰又能真正清楚呢？除非您離開股市總結自己的獲利。

3.K 線有用嗎？

以前股市的記錄方式都是紀錄當天收盤價、高、低價，把這三點串聯起來，就成為現在的美國線，而K線是股市引進日本之後，才普遍運用於記錄股價的指標。當初K線在日本是在「米市」裡記錄「米價」波動的工具，由於K線獨特細膩的表現法，比較符合東方人的習慣要求，於是漸漸地K線取代了美國線，成為東南亞地區記錄股價的工具。通過K線的記錄，我們的確很容易知道股價一天當中的開盤、收盤以及當天所經過高低價的範圍。

以下是把K線變化的原理條列出來，對於觀察走勢也有一定的幫助。

原　理

把當天的開盤價，劃在固定的格子當中，以一條橫線表示，也把當天的收盤價，劃在固定的格子當中，也以一條橫線表示。

然後，再把當天的高低價串聯起來，若開盤價低於收盤價，則兩線中間塗成黑色，反之則塗成紅色或者空白。如圖

由於可以簡單的就表現出開盤、收盤、高點、低點四種價位，很受到一般投資人的歡迎。而且從其中的組合，也可以判斷出股價的趨勢出來。

　　如實心黑棒表示當天開高走低，股價極度不被投資者看好，持有者持續賣出持股至收盤。反之則為實體紅棒，股價開低走高，股價收最高，表示當天追價者持續追價到收盤，股價收最高。

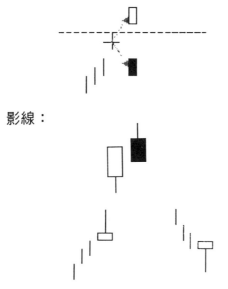

影線：

　　1.發生在上面：稱之為上影線，表示當天最高價有到達

的位置，往往是股價轉弱的訊號。

2.發生在下面：稱之為下影線，表示當天最低價曾經到達的低點，然後收高，往往是股價轉強的訊號。

十字線：

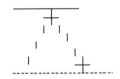

1.開盤與收盤同一點，上下都有影線，表示多空力道均衡，往往被視為變盤點，又稱為十字變盤星。

2.高點十字線，又稱為「T」字線，乃開高之後，盤中轉弱，收盤拉回的走勢，被視為強力收高的線型，屬於攻擊型的走勢

3.低點十字線，又稱為「倒T」乃是開低之後，盤中一度走強，然後在收盤時又被壓回開盤價，屬於攻擊失敗的走勢。

以下再介紹一些組合型態：

1.高壓組合

上圖上升遇到壓力，隔天開高走低，收一根黑棒，表示壓力大增。

上圖紅棒收最高，隔天出現十字星，又隔天出現大黑棒，屬於無論如何都是看壞的走勢。

2. 支撐組合

上圖黑棒之後，隔天遇到紅棒強力支撐，表示當天已有買氣介入。

上圖黑棒之後，隔天股價收黑但是已有小紅棒或十字線支撐。雖無強力反彈，但是在又隔一天之後，就出現強力買進的訊號，也屬於支撐組合。

3. 併吞組合

上圖短黑棒或短紅棒之後，出現另一根比它更長的反向

紅棒或黑棒，併吞掉先前的走勢，屬於變盤走勢。

　　上圖這組也是如此，最後一根黑棒或紅棒剛好併吞原先的走勢，表示極有可能變盤，所以併吞組合乃是變盤走勢的前兆。

4.懷孕組合

　　上圖大紅（黑）棒之後，出現短紅（黑）棒，這表示未來走勢仍在大紅（黑）棒掌握之中，這表示懷孕組合屬於盤整待變的走勢，仍然以先前的大紅（黑）棒為主導。

5.跳空組合

　　上圖股票順應走勢，以直接開高或開低的方式進行，留下一個缺口，這表示「人氣」已經不可抵擋，呈現強者恆強，弱者恆弱的走勢。

上圖跳空漲停，人氣最強；反之，跳空跌停，人氣則完全潰散。

跳空的走勢往往趨勢已定，很難得改變，如上圖。

上圖短紅棒或十字線雖跳空上去，但是已無力氣再攻，隔天又變盤跳空向下，這表示力氣已經用盡，將會使走勢呈現另一反向格局。

有用嗎？

讀者會發現K線的組合，呈現無限變化的可能性，有可能本來走勢確定的卻突然來了個變盤。但是，如果沒有其他更好的指標出來之前，K線它可能是個較理想的「記錄」模

式罷了，但是對於判斷趨勢而言，反而會有一種「剪不斷，理還亂」的感覺，甚至有「多此一舉」的感覺，這時還不如美國線來得俐落，美國線比K線而言至少減少了開盤線，簡單明瞭。如圖

美國線很像十字線，因為它不標示開盤價格，歐美人認為，收盤價是一整天交易下來，市場上所有的人所認定的最後價格，所以他們會尊重它的存在。

而開盤價只不過如同一般的價位一樣，只不過是瞬間撮合的價位而已，並無太大的代表意義。所以美國線就僅僅標示收盤價而已。

雖然K線多了開盤價，固然記載比較詳細，但是組合起來，就沒那麼容易辨識，而且容易產生混淆。

從上述的組合來看，似乎有各種情況的可能性，也不保證一定不會「變盤」。

所以，若認定怎樣的組合，就會產生怎樣的走勢，似乎就太過武斷和危險。因為市場上真的各種K線的組合都存在過，這表示K線都是不斷的在變盤。所以，若要以K線組合來判斷趨勢走向，是乎是不怎麼高明的看法。

最大的問題！

K線和美國線兩者卻都有一項通病，那就是只表現出價格的標示，卻完全不涉獵成交量的探討。這就彷彿如同人的身體只有一半可動，另一半完全麻木一樣。在股票市場裡，甚至有句話說：「量先價行」、「高手重量，生手重價」。

它的意思就是說其實「成交量」是比「成交價」還來得重要，但是K線和美國線卻只標明「價的組合」，所以，若只學K線和美國線究就認為精通股市的話，如同小孩玩大刀一樣的危險。

解決之道

筆者投資14年，經手23萬筆的成交記錄，初期也如同現在一般的投資人一般，拿起K線就猛看，用波浪理論去看，用均線支撐、壓力去看。結果都是失敗居多。後來學會再配合成交量去看，然而也不知其所以然，甚至更迷糊，有時成交量放大反而下跌，有時候成交量縮小反而上漲，千變萬化更是無所適從。然後又利用許許多多的技術分析指標，也不見得有及時的效果。

直到筆者近年來結合了「量」、「價」這兩大難題之後，自行研究發明「籌碼線」，股市裡個股的奧秘，才得一一解開。現今使用「籌碼線」來看股票，不僅簡單、容易，而

且走勢一目了然,投資股市現在對我而言,可說是「快樂的
不得了」。

*4.*移動平均線有用嗎?

移動平均線(MovingAverage)是將某一時期的特定值
逐一連接而成的移動趨勢圖,投資人透過觀察其運動軌跡來
預測指數的未來趨勢。從經濟意義說,移動平均線可看作在
一段時間內投資者購入股票的平均成本。它不但可以運用在
K線上計算收盤平均價、最高平均價、最低平均價,也可以
運用在成交量上計算成交均價。

在移動平均線中,最具有價值的是:

①轉折點;②交叉概念。

轉折點

是指移動平均線從上升轉為下降最高點或由下降轉為上
升的最低點。在股市中,行情的翻轉變化都發生在各種移動
平均線的轉折點中。所以,一般短線投資人會以5日(週)
、10日(二週)移動平均線兩者的對比關係作為觀察。中長
期投資人會以月、季移動平均線的對比關係作為一波的上漲
或下跌依據,甚至有人以半年、一年移動平均線之間的對比
關係,作為判斷空頭市場或多頭市場的依據。

交叉概念

在股市的上升行情中，較短期的移動平均線如5日線、10日線從下方向上突破與較長期的移動平均線如30日線、60日線發生的交叉現象稱為黃金交叉。黃金交叉是多頭強勢的表現，一般分析師會預測後市將有相當的上揚空間，因而是買入股票的好時機。

在股市的下跌行情中，較短期的移動平均線從上方向下突破與較長期的移動平均線發生的交叉現象稱為死亡交叉。死亡交叉是空頭佔上方的表現，一般分析師會依此預測預示後市會有相當的跌幅空間，因而它常被一般分析師認為是賣出股票的最佳時機。

而若股市在盤整時，短、中、長期移動平均線常常是相互產生纏繞，黃金交叉與死亡交叉會交替出現，此時的交叉點就沒有指示作用。若仍依照黃金交叉或死亡交叉所提示的信號買進賣出，投資人就會疲於奔命，左右挨耳光。

觀念的敗筆

移動平均線作為統計資料，還不失其統計功能，但是若拿來當預測走勢的資料就有點牛頭不對馬嘴，原因：

1.**過去不等於未來**：否則怎麼會有所謂的轉折點，轉折點就是過去不等於未來的明證。

　　2.**平均值內涵不明**：以收盤價為平均值而言，是否有考慮到當天的成交量呢？萬一是極端的比例，如一天1500億，而另一天只有500億，兩者足足相差三倍，但是在移動平均線裡卻完全無法表現出來，這等於是齊頭式的平等，這點尤其在月線、季線、年線中更容易發現其不平衡的存在。

　　3.**買賣超無法顯示**：我們知道許多股價都是在高檔時暴量，然後股價隔天開始下跌，有時當天收盤價收紅，也有當天收盤價收黑。若當天收紅，在移動平均線裡走勢還是上揚的，可是其實該股的買賣比例已經改變的，常常從此之後，股價下跌，它卻無法及時反應，甚至有人故意每天拉尾盤作價，底子裡卻在盤中大賣股票，造成均線仍然上揚的假象。這些都是移動平均線的缺點，「無法管制組合的內涵，終究被組合的內涵所矇騙」。

　　4.**平均成本不等於支撐、壓力**：現在一般分析師都會以移動平均線當作是支撐與壓力的標準，這種錯誤的觀念也一直流傳於投資界，這個錯誤在於：

　　(1)根本沒有人會連續五天、十天，甚至一個月、半年買一檔股票的收盤價。

　　(2)既然沒有人會連續買，就表示彼此的成本不同，為何要彼此平均呢？

　　(3)就是真有平均值好了，難道買股票只是為了股價掉到平均成本之中時（支撐）買進嗎？或者股價恢復到我的買進

價時（壓力）賣出嗎？觀念繆矣！

　　若計算某個點會有多少張交易數量在此等解套，或許還有點意思存在（亦可能早就認賠賣光了），可是一平均的話，整個值就變得毫無意思，尤其台灣股市喜歡短線進出者頗多，怎可能以年線看其中變化呢？所以移動平均線絕對不等於壓力、支撐。

　　綜合以上的觀點，可以觀察出來移動平均線，雖然易學易懂，卻不實用，因為它只計算表象，實質的內涵無法兼顧，並不是一個判斷股市趨勢的工具，而只是紀錄股價平均值的「記錄表」而已。

5.波浪理論有用嗎

　　西元1939年技術分析大師R.E.艾略特發明了波浪理論，它是一種預估股價趨勢的工具，因為正確預估了1987年十月的美股大崩盤而聲名大噪。它也是市場上最多人運用的預估趨勢工具，也是最難解、最難精通的分析工具。

　　R.E.艾略特認為股價或者商品價格都和大自然的波浪潮汐一般，一波跟著一波，週而復始，相當有規律性。任何波動皆是有跡可循，投資人只要循著這些規律性的波動來買賣股票，就可以達到很好的投資效果。

　　波浪理論的基本論述：

1. 股價指數的上漲和下跌會交替進行。

2. 推生浪（上升）總有五波，即一波、二波、三波、四波、五波。

3. 調整浪（下跌）有三波，即A波、B波、C波。

4. 八波完成，即是一個循環完成，市場將會走入另一個循環。

5. 時間的長短不影響波浪，波浪亦可長可短，但是基本的型態不會改變。

6. 大浪中還有小浪調整。

總之，波浪理論就認定股市是八浪（五上三下）循環，永不改變。

事實真的如此嗎？

技術分析大師R.E.艾略特能把股市如此複雜的東西加以簡化，僅僅只用簡單的波浪原則就可以表現出來，不得不佩服他的睿智。如同中國的易經一般，把複雜的生活萬象，變成陰陽、四象、八卦、六十四爻的變化。這表示R.E.艾略特也能觀察細微，又能宏觀大象，才能創出如此理論。

表面上看來，似乎大盤都會跟隨波浪理論的架構在走，實質上，乃是因為理論中的第五項與六項廣度太廣了，以致於無所不包。並沒有明確指出時間因素的長短，而且一大波當中還可以有一組小波調整。這等於是說了如同沒說。前四

項很簡單的就表明出來，可是卻被後兩項弄得有些混濁，變成後來的爭辯不休的導火線，變成公說公有理，婆說婆有理的境界。

實際運用又如何？

事實上，實際運用的時候，仍會發生很大的誤差，尤其是個股方面，幾乎沒有完全符合波浪理論所說的上漲五波，下跌三波。所以，致今波浪理論只能運用在大盤上，對於個股仍然力猶未逮。

自然就等於規律嗎？

另一個事實是大師R.E.艾略特，所沒有想到的。那就是「大自然」也是變動不已的。大師R.E.艾略特認為股價或者商品價格都和大自然的波浪潮汐一樣，一波跟著一波，週而復始，相當具有規律性。但是他卻沒考慮到大自然也是變化無常的。像台灣的911大地震，可說是百年來的大震，又如90年的納莉風災，把台北市變成一座水城，也是百年僅見。這些都是大自然可能發生的突發事件。

所以，一旦投資效仿大自然之規律，就很容易誤導自己進入固定的模式中，而忘記大自然其實是更不規律呀！

6.葛蘭碧八大法則有用嗎？

葛蘭碧八大法則的設計，乃是利用價格與移動平均線之間的相對關係，作為買進與賣出訊號的依據。葛蘭碧氏認為價格的波動具有某種規律，移動平均線具有趨勢的方向性（在移動平均線有用嗎一篇中已被筆者澄清它的作用）。因此當價格的波動偏離趨勢時（價格與移動平均線的偏離），則未來將會朝趨勢方向修正。所以，一旦發生偏離時，就出現一個買賣訊號。

我們將現價與均價線的差距稱為乖離（bias）。

$$乖離＝現價－均價$$

當乖離越大時，價格修正的可能性就越高，但另方面，若趨勢在加速發生時，亦可預期未來乖離將會擴大。

葛蘭碧氏認為移動平均線是較長期的價格發展線，因此相較於價格線（以K線為代表）而言，移動平均線具有一種趨勢的概念，且平均的日期越大，所代表的時間刻度也就越大。但是，當趨勢發生改變時，長天期的趨勢線還沒有感受到時，價格將會先反應，此時價格線將與移動平均線發生交叉現象，代表趨勢將改變的意義。

圖形：

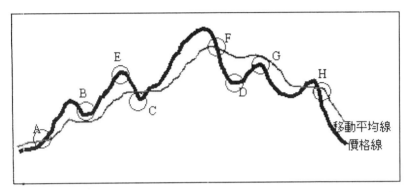

葛蘭碧氏結合上述二項觀察指標的原理，歸納出的買進賣出訊號，共八點原則。如下：

四個買進訊號

A點：價格向上突破移動平均線，代表原有趨勢開始翻揚，因此這個交叉為波段的買進訊號。

B點：乖離過大，勢必修正拉回至移動平均線，預期乖離仍將擴大，為買進訊號。A點—B點也可說為初升段的修正波段。

C點：上升段中的急跌，跌破均線後的反彈點，均線仍處於上升階段，顯示後勢仍具行情，因此急跌後反彈為買進訊號。

D點：價格自高點跌破均線並且跌深，此時發生了重大偏離，因此預期這時將會有所修正，亦為買進訊號。

圖形：

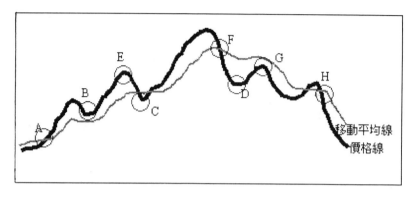

四個賣出訊號

E點：雖然處於上漲趨勢，但短線漲幅過大，與移動平均線偏離過大，預期短時間內將會有獲利賣壓湧現，價格將有所修正，因此為賣出訊號。

F點：移動平均線已向下，且價格由上跌破移動平均線，表示趨勢發生反轉，此交叉為賣出訊號。

G點：兩線靠攏，乖離雖不大，但因移動平均線已開始加速下跌，預期乖離將擴大，價格仍會繼續下跌，為初跌段的反彈波段，且沒有突破均線，為賣出訊號。

H點：價格發生突破後迅速拉回，視為假突破訊號，乃趨勢持續之意，移動平均線仍然向下走勢，為賣出訊號。

這就是在股市裡著名的葛蘭碧八大法則，它的精神在於以快慢兩條線互動，以看重慢線作為指標，所延伸出來的法則。在當時的確算得上不錯的手法，可惜有些觀念的錯誤，

在此不得不提出來說明，以免讀者在使用時，太過依賴反而造成自己的誤判。

1.移動平均線是過去的平均，不是未來的平均，過去不等於未來。用過去框制未來更不合理。

2.移動平均線不是趨勢，趨勢是被買氣引導，買氣強股價就會上漲，買氣弱股價自然下跌，這與移動平均線毫無關係，移動平均線只是買氣走過的歷史而已。

3.有些股票呈現上漲只一波，下跌只一波的走勢，乃是因為籌碼穩定，此法則完全無法應用，證明移動平均線與價格線交叉關係只是幻想出來的走勢。

4.價格是帶領移動平均線移動的，而非移動平均線引導價格移動，此法則根本就是本末倒置。

5.完全無價量觀念，如同只看一人的表面，完全不管那人的體質狀況。

6.移動平均線時間設定的長短，會讓走勢完全改變，因而產生假訊號，以致於無法套用。

綜合以上的六點錯誤觀念，我們就可以知道，雖然是股市最出名，甚至現在還被奉為圭臬的葛蘭碧八大法則，其實在一開始設計時也犯了觀念錯誤，更何況是後面推算準則，當然也失之偏頗。

如果當初葛蘭碧氏認為「移動平均線是趨勢，而價格線

終究會依附移動平均線」的觀念是事實時，那葛蘭碧八大法則就完全正確，可惜聰明如葛蘭碧，他的推論也是錯誤的，所以，終究會讓筆者在此批評一番。對於葛蘭碧八大法則，筆者的建議是「少用為妙」。

7.黃金切割率有用嗎

　　黃金切割率，也是一種效仿大自然的模式所訂定下來的規則。大致上來說，是指當一顆鑽石以黃金切割率0.382、0.618比率來切割時，將會呈現最美麗的透光折射度，這是大自然的奧秘。所以，當有人發現股市的反彈比率有點接近黃金切割率時，那種感動就無以言表，彷彿像是上帝為他開了一扇窗戶。於是在廣為宣傳之後，於是大家也都認定股市脫離不了大自然的定律，在黃金切割率點上，往往會呈現逆向的反彈走勢！

何謂黃金切割率點

　　黃金切割率點就是指：

　　起漲點與下跌點兩者之間的差額數字，乘於0.382、0.618。這位置就是黃金切割率反彈點。

　　例如：某公司股價20元起漲，至80元時開始下跌，它的黃金切割率反彈點就是在57.08元和42.92元這兩個位置上。

事實如何

當然不可能完全符合嚕，於是又有人把一半的數字也拿出來使用，就變成0.382、0.5、0.618這三組數字組合，認為強勢回檔會在0.382位置反彈，中級回檔會在0.5這個位置上反彈，而弱勢回檔也會在0.618這位置上反彈。

我們知道股市當然不可能完美，所以，取個大概值也可以接受，所以，當我們把這三種數字四捨五入，會發現一個有趣現象，那就變成是0.4、0.5、0.6，這意思就是說股價回檔四成或者五成還是六成的時候，就會有買方進場買進。

用這三個數字去套反彈點，等於和說廢話沒兩樣，當然是如此，可是這跟黃金切割率完全無關，這乃是跟人性中的「貪小便宜」心理有關。股價上升時，一定有投資人怕高不敢買，可是那些人會等到股價跌了四、五成，甚至是六成時，跑出來撿便宜貨。不管他們是抱著什麼心態購買股票，心儀的股票股價只剩下一半了，誰不會心動呀！所以，當然有人會買，市場也不自覺地符合了黃金切割率所定義的範圍了。

既然這三個關卡是人心理的關卡，如果還硬套所謂的「黃金切割率」來詮釋的話，就有點張冠李戴之嫌，最好的辦法還是順其自然，該跌的時候，不要硬撐買股票，該買的時候，不要害怕不敢追高股票，一切投資動作都應該在「順勢

」裡。

8.其他技術指標有用嗎？

此章節有點像數學的推論，筆者把市面上一般較常用的技術指標，一一拿出來討論，拆解它們的公式，使廣大的讀者知道，有許多股市技術指標看似偉大，其實仍然還有很大的問題存在。

畢竟是在討論公式，有些專門與枯燥，讀者若對數字不感興趣，也可以直接看「我的看法」這一段。不過，若是有空，最好還是多看一下現階段的技術分析，到底是怎樣的組合，也是不錯。

相對強弱指標 RSI

相對強弱指標是根據某段時間內股票指數的漲跌幅度或波動的頻度來分析市場勢態的指示，它的計算公式為：

RSI（N）＝UP/UP＋DOWN×100%

其中N是選定的時間天數，UP是在N日內收盤指數上漲的總幅度，DOWN是N日內收盤指數下跌的總幅度。計算方法是將當日的收盤指數與前一交易日相比，將上漲的幅度累加起來即為UP，然後將下跌的幅度累加起來即為DOWN。

相對強弱指標的單位為百分比，其取值範圍為0～100之

間。

當RSI在20～80之間運動時，可認為股市為常態。當RSI在50以上時，表示漲勢強於跌勢，屬多頭市場；而當強弱指標在50以下時，表示跌勢強於漲勢，屬空頭市場。而當強弱指標在50附近徘徊時，則表示股價處於盤局。

當RSI超過80時，一般認為股市處於超買狀態，特別是當股票指數創最近新高，但RSI卻不創新高而出現頂背離時，此時可能就是暗示股價已達到近期頂峰而應立即出貨了結。

當RSI低於20時，一般認為股市處於超賣狀態，特別是當股票指數創最近新低，但RSI卻不創新低而出現底背離時，此時可能就是暗示股價已達到近期低谷而應可買入佈局。

我的看法

台灣股市常常在高低檔時，會有鈍化的現象。所以，RSI在80以上常常會盤整許久，股價卻屢創新高。也可能RSI在20以下盤整許久，股價卻屢創新低。投資人千萬不可因為在那區間就賣出股票或者買進，這指標仍算是粗糙的。

不過，以RSI50當作強弱指標的分水嶺，倒是不錯的做法，50以上時應站在多方、多買進，50以下時則站在空方、多賣出。

隨機指標

隨機指標在圖表上共有三根線，K線、D線和J線，隨機指標在計算中考慮了計算周期內的最高價、最低價，兼顧了股價波動中的隨機振幅，使其提示作用更加明顯。

1. 公式

先求RSV（Raw Stochastic Value）＝（C_n-L_{n}）/（H_{n}-L_{n}）*100

其中C_n代表第n日的收盤價，L_{n}代表最近n日內的最低收盤價，

L_{n}代表最近n日內的最高收盤價。

例如n＝5

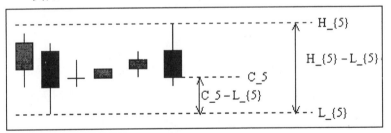

因為C_n-L_{n}表示股價由最低點被推向上至收盤價的幅度，因此在概念上，這股推力是買盤的表徵，因此RSV指標可以視為買盤力道強度的展現。

再將RSV作指數移動平均（exponential moving average）：

$K\_t = K\_[t-1] + a*RSV\_t$，代表K值為買盤力道RSV的移動平均

$D\_t = D\_[t-1] + a*K\_t$，代表D值再將K值作一次平滑

其中設定$K[0] = D[0] = 50$

由RSV的公式可看出，KD值也是一種支撐、壓力的觀念。其意義是觀測出而當行情處於多頭走勢時，收盤價往往會有接近最高價的傾向，而在空頭走勢時，收盤價則會有接近最低價的傾向，這時透過KD值的交叉互動，往往看得出來當時走勢是屬於多頭還是空頭。

由公式看出，RSV介於0和100的數值，因此K、D值亦會落在0～100之間。如同RSI一樣可將K、D在超過20～80間數值定為買超或賣超。一般參數採用n＝9（即9日KD）。因為KD指標不僅運用到開、收盤價，亦使用到最高價及最低價資訊，因此KD指標對盤勢的反應會較RSI敏銳。

我的看法

台灣股市投資人若會用KD指標當作進出者，已經算是高手了，因為KD指標有個觀念不錯，就是它觀測出「行情處於多頭走勢時，收盤價往往會有接近最高價，空頭時則反之。」這也是筆者創造「籌碼線」時，所觀察出來的現象，不過在此它仍還有些錯誤。

1.收盤指數未必是接近最高點、最低點，筆者觀察出來

的現象應該是相對高點、相對低點。

2.沒有量的觀念,只在價格上面作文章,觀察容易失之偏頗。

綜合兩種現象,筆者還是覺得KD指標容易有誤差,不過它倒是有點「籌碼線」的味道。

能量潮指標OBV（On Balance Volumn）

1.公式：

$$OBV\_t = \sum q\_i * (-1)^k$$

每日的OBV值如下表即當日上漲情況則成交量為正號,當日下跌情況則成交量為負號,若股價收平盤,則當日之成交量以零計算。

	收盤價	漲跌	成交量	OBV
2/27	117	--	4712	--
2/28	123	+6	6311	6311
3/1	122	-1	4181	2130
3/2	124.5	+2.5	4237	6367
3/3	133.5	+9	5904	12271
3/6	128	-5.5	4271	8000

應用原則：

OBV為一測度量能的指標,或人氣的指標,主要在衡量買盤力道的強度。OBV指標,由於只有數字的增減,很

難看出其股市的走勢，所以一般而言，還須配合上K線的使用，才具有判斷意義。不過OBV可用以判斷籌碼是趨於集中（accumulation）或分散（distribution），尤其是股價處於盤整時。

判斷方法：

⑴當股價盤整或小跌時，OBV卻呈現大增的情況時，則顯示市場可能有人在作集中籌碼的動作。這個情況可視為買進訊號。

⑵當股價在上漲情況，但OBV卻在下降時，則顯示市場籌碼正在分散，主力出貨的可能性高。為賣出訊號。

⑶股價盤整許久時，當股價出現突破時，需配合OBV來檢視成交量是否伴隨著股價上漲而擴大。如果是，才是有效突破，則此時為買進訊號。

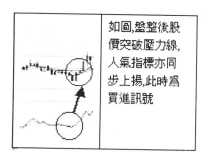

如圖,盤整後股價突破壓力線,人氣指標亦同步上揚,此時為買進訊號

我的看法

OBV指標，能考量到成交量的部分，算是可以大約判

斷買賣力道的分析工具，在所有的技術指標裡面已經難能可貴，不過：

　　1.沒有考量到當日股價的走勢。

　　2.僅以股價紅黑價當作正負值的依據，似乎有點牽強。

　　3.無法表現出股價在量能裡的震盪關係，僅僅以正負值代表，容易產生「騙線」。

　　綜合以上觀點，看得出來OBV指標還是屬於比較粗糙的技術分析，容易產生誤導，也因此OBV指標的正確訊號率仍然較低，不過「量價結合」的意思已經有了，仍然值得讚賞。

指數平滑異同移動平均線MACD

（Moving Average Convergence-Divergence）

　　指數平滑異同移動平均線是利用快速（短期）移動平均線與慢速（較長期）移動平均線聚合與分離來判斷買進與賣出的時機。其認定是，在持續的上漲行情中，快速移動平均線會在慢速移動平均線之上，且其間的距離會越拉越大，當漲勢趨於平緩時，兩者的距離必然會縮小，甚至發生交叉。

　　相反，在持續的下跌行情中，快速移動平均線會在慢速移動平均線之下，且距離越來越大。當跌勢趨於平緩時，兩者間的距離會逐漸縮小，甚至發生交叉。

1. 公式：

(1)先求價格需求指數 $P_t=$（ $H_t+L_t+2*C_t$ ）/4

其中 H_t 為 t 日的最高價，L_t 為 t 日的最低價，C_t 為 t 日的收盤價。認為用 P_t 以作為指數較能反應真實情況。

(2)作需求指數的移動平均，取長短期二條

$En_t=En_{[t-1]}+2/$（ $1+n$ ）$*$（ $P_t-En_{[t-1]}$ ）

即 En_t 為 P_t 的 n 天 exponential moving average（EMA）

而 n 值則一般取 12 及 26. 即

$E12_t=E12_{[t-1]}+2/13*$（ $P_t-E12_{[t-1]}$ ）為 P_t 的 12 天平滑移動平均。

$E26_t=E26_{[t-1]}+2/27*$（ $P_t-E26_{[t-1]}$ ）為 P_t 的 26 天平滑移動平均。

(3)$DIF_t=En_t-Em_t$，取長短期二條線的乖離差

(4)$MACD_t=MACD_{[t-1]}+2/$(1+h)$*$ ($DIF_t-MACD_{[t-1]}$)

即 MACD 為 DIF 的 h 天 EMA，再作一次平滑移動平均。

MACD 就是利用快速移動平均線與慢速移動平均線之間的乖離（DIF）現象，作為研判行情的基礎，然後再取其 9 日平滑移動平均線即 MACD 值或稱為 DEA 值。

因此，MACD 的實質就是運用快速移動平均線與慢速移動平均之間的聚合與分離狀況，經過平滑計算，來研判買進時機與賣出時機。

指數平滑異同移動平均線最為常用的就是快速（短期）移動平均線，取12個交易日的資料，慢速（較長期）移動平均線取26個交易日的資料，專業報刊上一般都刊載有該指標MACD（12，26）的詳細資料，其判斷技巧如下：

1. 當DIF和DEF都在0軸以上時，行情屬於多頭市場；當DIF和DEF都在0軸以下時，行情屬與空頭市場。

2. DIF從下向上突破DEA形成交叉即黃金交叉，即柱狀值BAR從負轉正時，或DIF從下向上突破0軸時，既是買進訊號。

3. DIF從上向下跌破DEA形成交叉即死亡交叉時，即柱狀值從正轉負時，或DIF從上向下跌破0軸時，是賣出訊號。

4. 頭部乖離：當指數出現一波比一波高而不斷創新高時，此時若DIF與DEF並不配合出現新高點，是賣出時機。

5. 底背乖離：當指數出現一波比一波低而不斷創新低時，此時DIF與DEF並不配合出現新低點，是買進時機。

6. 若在高位出現兩次死亡交叉，預示後市要大跌；反之，當在低位出現兩次黃金交叉時，則預示後市要大漲。

7. 當柱狀線BAR在0軸上方由長開始變短時是賣出訊號；當BAR在0軸下方由長開始變短時，是買入訊號。

我的看法

MACD（指數平滑異同移動平均線）原則上是改良的移

動平均線，我覺得最好的改良部分是它把最高價、最低價、收盤價三者整合起來，通通觀察。卻也犯了均值的觀念，我在移動平均線一章中說過，股價無法平均，各有各的特性，這犯了觀念上的錯誤。

然而其操作技巧亦如同是葛蘭碧八大法則的翻版，只是把它改變為柱狀，用柱狀顯示葛蘭碧八大法則的精神罷了，並不算有特殊之處。不過簡單易瞭解些而已，算是它的優點。

第二個缺點是沒有把量計算進去，以至於如同像車子在空轉一般，較不實際，實際運用仍會有騙線出現，或者反應較慢，不過已經可以算是精緻的「純價技術分析」了。

乖離率BIAS

乖離率是股價或股票指數偏離移動平均線的程度，它是由移動平均線衍生出來的一種技術分析指標，一般都是與移動平均線配合使用。乖離率的英文簡稱為BIAS，其單位為百分比。常用的乖離率為BIASY(6)、BIASY(12)，也就是收盤指數分別與最近6日、12日收盤指數的移動平均線的偏離程度。

乖離率的數學公式為：

BIASY(N)＝當日收盤指數－最近N日的移動平均線/

最近N日的移動平均線×100％

用乖離率進行技術分析的理論依據是，股價或股票指數

一般都會在移動平均線附近波動,即使有突發情況產生而導致股價或股票指數的偏離,它最終也會向移動平均線靠攏。

當乖離率為正時,那就表示該日指數收在N日平均線之上。其數值越大表示短期的獲利盤越大,獲利回吐的壓力就越大。一般認為,當BIAS在6%以上時為超買,此時是賣出時機,若指數或股價上漲使BIAS接近過去的最高記錄時,就應趕快獲利了結。而當BIAS在負6%以下時為超賣,此時是買入時機,若指數出現暴跌使BIAS接近過去的最低記錄時,就應該買入股票。

我的看法

如同對移動平均線的看法一般,屬於設定「價是唯一」的規則之後,再衍生出來的推論,完全沒考慮到「量」的存在,推論是不錯,但是,錯在設定的規則,有點像是「閉門造車」,容易和真實的股市脫節。

心理線PSY

心理線表示的是股價高於前一天價格的總次數在所定觀察日所占的比重。它是根據某段時間內投資人趨向買方或賣方的事實,作為買賣股票的參考,其理論依據是股價總是在作鐘擺式的運動,始終處於漲漲跌跌的變化之中。

其計算公式為:

PSY（N）＝股價高於前一天的次數/所定的觀察天數（N）×100％心理線的單位為百分比，其中的N為所觀察的天數，一般常用的心理線為10日線PSY（10）或20日線PSY（20）。

運用法則：

1.PSY（N）在25％－75％運行為常態。

2.當PSY（N）在25％以下的區域徘徊時，就表示股票已處於超賣狀態，股價已運行到低價區；而當PSY（N）已到75％以上時，表示已處於超買狀態，股價已運行到高價區。

3.一般上升行情展開前，通常超賣的低點會出現兩次，所以若在低點密集出現兩次，則是買入信號。

4.一段下跌行情展開前，通常超買的高點會出現兩次，所以若在高點密集出現兩次，則是賣出信號。

我的看法

當初設計心理線（PSY）的人大概沒有看過台灣股市，台灣股市若遇到大行情時，往往連漲數十天，甚至數個月，最重要差別，乃在於台灣經濟屬於訂單式的經濟，有訂單就有經濟，就有活力，沒訂單就完全了無生氣，不像歐美的大陸型經濟，有多重消費內涵。相對於台灣訂單型經濟，股市一般都是漲得急，跌得快。

心理線PSY的「股價鐘擺運動」理論在此是不適用的，

讀者千萬不可應用於台灣股市。

威廉指數％R

威廉指數是利用鐘擺原理來度量股市的超買超賣現象，從而預測股價迴圈期內的高點或低點，找出有效的買賣信號，幫助投資決策。威廉指數％R的單位為百分比，計算公式如下：

％R（N）＝第N日的收盤價－N日內的最低價

N日內的最高價－N日內的最低價×100

其中N為所設計的觀察周期，一般N取9或18。

威廉指數％R的運動區間為0～100，其中20～80之間為常態，％R從小至大的變化，為超買向超賣的調整過程。

當％R低於20時，顯示股票超買，行情即將見頂，故20被稱為賣出線。

當％R高於80時，顯示股票超賣，行情即將見底，故80被稱為買入線。

我的看法

如同心理線（PSY）是利用鐘擺原理來設計的指標，並不適合台灣訂單型經濟所衍生出來的股市。

讀者應該少利用它。

逆時鐘曲線

逆時鐘曲線是觀察出成交量與價格之間關係,所設計出來的指標。一般而言,在多頭市場時,可以觀察到成交量具有與價格同向增加的趨勢,而在空頭市場時,亦可觀察到成交量經常隨著價格呈現同步減少的現象。

也就是說,多頭市場與空頭市場,二者都會發生價量相互配合的「同向關係」。價與量一旦呈現「逆向關係」,往往是變盤的徵兆。

(1)原始圖形:

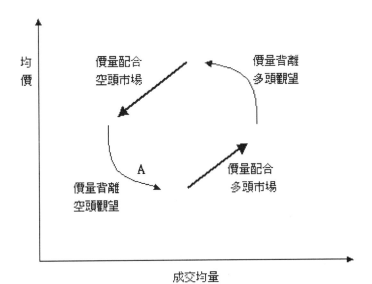

逆時鐘曲線之精神

1.當一個空頭到達底部，發生趨勢反轉前，通常都會先發生成交量放大，亦即量會先價而行，造成短期間內的價量背離。隨著量大而來的，便是價格突破底部區，展開多頭格局。箭頭是向右上。

2.當多頭持續上攻時。價量必須配合一致，價量齊揚，股價持續上漲，此時箭頭向右、或者向右上。

3.當多頭持續許久時，成交量反而出現縮減的現象，投資人對價格產生疑慮，此時價格雖然創新高，但成交量反而減少，箭頭於是向左。

4.成交量的縮減使得價位無法獲得支持力道，趨勢便反轉，最後價格的下跌，箭頭向左下。

應用原則

由於價格與成交量的波動性均相當高，因此一般在繪製逆時鐘曲線時，通常會先將價格與成交量取其移動平均，將小趨勢的波動性給消除掉，而得到較純的趨勢資訊。視研究的循環週期而取適當的移動平均。一般取22日（月線）移動平均價格及22日移動平均成交量作為觀察數值。

將均價與均量視為一組數對（或一個平面座標點），點入「量－價圖」中。並依照每個點實際的發生順序用直線連

接起來，便會出現一個大致以逆時鐘方向旋轉的價量圖形。
如下

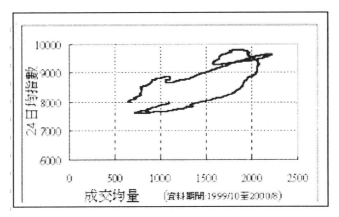

(資料期間 1999/10至2000/8)

持續觀察記錄曲線。當曲線轉向左時，則空頭市場，曲
線轉向右方時，則表示市場出現變化，新的多頭將開始，為
買進訊號。

我的看法

逆時鐘曲線是一個配合量價關係的指標，它的中心觀念
就是「量先價行」，有量才有價的觀念。對於這個指標，筆
者給予高度的讚賞，至少比之前只講價組合的指標要紮實的
多了，而且容易判斷，唯一問題卻是：手法仍然粗糙，筆者
當初常對著它思索，思索能否有改良之處。後來發明的「籌
碼線」就是根據它的精神所創造出來的。

整體而言，逆時鐘曲線它是一個不錯的多空判斷指標，

對於大盤的多空走勢，往往有令人驚奇的判斷效果。筆者建議投資人如果想判斷大盤的多空，不妨先從逆時鐘曲線著手。

9.股市乃人性

在把錢投資進入股市之前，我們應該先了解股票市場的「結構」，才能對股票市場的「運作」有更深入的了解，也才不會像一般投資人以流行的方式在投資，市場熱絡時湊熱鬧買股票，交易清淡時卻看也不看，從沒真正了解股市。在股市裡，表面上是錢的交易往來，背後其實乃是由人操縱，就是所謂的股市投資人，而人又侷限於他的資金、投資性格，於是產生了每個人不同的投資模式，整個市場充斥著獨立的運作行為，沒有所謂的合作、對抗，大家都是只為自己。

每個都不同

例如，歐美股市投資人較鍾愛基金型的投資策略，台灣地區投資人則較喜歡自行掌握的投資。這乃是因為歐美經濟發展較久，比較具有規模、公信力，法治精神較佳，人謀不臧情況較少，個人也較無機會自行投資。而台灣經濟發展較晚，制度、公信力較差，人治色彩較濃，但是，個人投資發展空間相對較大。於是產生了東西方的差異，而且各國股市受限於自己的經濟模式，股市發展也不盡相同。人民的教育

素質、歷史背景，也造成個別的差異。歸根究底，股市的變化就是在於「人性的反應」，「經濟因素」反而只是它的導火線而已，對於事件的反應會擴大、縮小，還在於投資人的人性上。

了解「人性」是正途

雖然電腦取代許多人工作業，讓股市撮合也加快腳步，可是不論電腦怎麼樣的發達，它也都無法改變股市的交易行為。也許交易模式、速度會跟著電腦的更新在改變。但最後執行判斷者仍然還是人，投資人的判斷還是被自己的個性所影響。因此要先了解股市，還是先要瞭解人性，以人性為操作根本，進而以「人性為師」，才是股市入門的要訣，不是去學一大堆技術分析，和花一大堆時間，去研究財務報表，公司的基本面。因為歐美傳來的技術分析由於國情的不同，未必一開始的假設條件就相符，何況組合變化之後。而基本分析絕對不是一個投資人就能夠全盤了解的，而且就算了解的也未必是事實。所以，對於個人投資者而言，建議從了解「人性」上去功夫，會是較佳的途徑。

兩種人性

若讀者能認清股市是「人性組合」的道理，才能擺脫為何股市「在景氣一片大好聲中開始下跌」、「在景氣最低迷

時，股市卻開始上漲」這樣的迷思。

也不會奇怪於市場上常出現一些光怪陸離的事，因為那些都是「人性」在作祟，若能把它當做是自然之事，甚至善用事情的狀況，提前發動，才能事事捷足先登，成為一位優秀的投資人。

而投資的人性，其實只是很簡單的兩種個性在主導，那就是：

1. 貪婪；2. 恐懼

由於投資人太過貪婪，才會使得股價過度上揚，而又由於投資人太過恐懼，才又造成股價過度下跌，正由於「貪婪」、「恐懼」這兩個心態的作祟，才造成股價波動，也因此才形成投資的利潤出現。

兩種結果

因為股價波動了，於是造成利潤的出現，而所謂的投資利潤，乃是「貪婪」與「恐懼」兩大投資心理造成的影響，它們在股市上造成以下兩種結果：

1. 股價過度拉抬。

2. 股價過度下滑。

由於人的過度反應，才使得當初作反向買賣的另一批投資人產生利潤。最後市場的供需終究會趨向一致；市場會完全回歸正常。當市場完全回歸正常時，也就宣布這檔股票已

不具任何投資利潤。因為它已經沒有超漲、超跌的空間，利潤也不再產生。

賺賠皆有功能

先前我們說過，股市投資人的真正獲利，不是在於公司的營收獲利，而是在於銀行存摺本子裡的差額，會有差額的產生乃是「股價過度拉抬」與「股價過度下滑」所造成的現象。如果我們投資能賺錢，乃是因為我們以相對低於賣價買進股票，而且當我們出售股票時，其他投資人承接了我們自己的股票。所以，我們才得以賺錢。

而賠錢的人卻恰好相反，他們追逐前面所說的兩個結果以至於買價高於賣價，產生虧損，不過他們卻扮演了交易的角色，讓真正獲利者能出現，而不是紙上富貴一場而已，若沒有失利者的協助，賺錢者永遠拿不到真正的錢財。

如同彩券中獎者一樣，如果沒有大家的購買彩券，他們就不可能拿到巨額的彩金是一樣的道理。所以，市場上有人獲利，勢必會有人在他之前或之後失利，唯有如此，市場平衡才能存在，所以，股市絕對不可能讓所有人都賺到錢。

無人能預知市場

雖然「股價過度拉抬」與「股價過度下滑」造成利潤，但是，筆者仍不建議讀者逢低承接、逢高賣出。理由在於根

本就不可能有人會知道真正的「低價」與「高價」，市場的
起落在於人性，人性的變化卻是無常，甚至毫無理由可言。
所以，我們必須退而求其次，依照人性去投資，只要每次在
籌碼快要組合的時候就介入，而等到籌碼完全集中時股價開
始下滑時，勇於出脫持股，這樣就可以享受「股價過度拉抬
」與「股價過度下滑」兩者所製造出來的利潤，也就是說最
好的投資策略是「投資的進場與退場，都比趨勢慢一步，卻
都比一般投資人快一步」。

*10.*股市永遠變

　　台灣股市從民國五十年成立證券交易所開始至今已經四
十餘年，當時只有四家上市公司分別為台泥、工礦、農林、
台機。其中經濟轉型，由一開始出產原物料時期的經濟，轉
型為替原物料加工或替別人加工的經濟，再轉型為營造產業
、機械工業、金融投資的工業金融時期，至今台灣已成為電
腦資訊產業蓬勃發展的資訊產業時期。

　　由原本的四家上市公司至今上市（櫃）公司已經突破一
千家，成長可謂快速。其中大約每隔十年，都會產生一種新
興產業出來，取代原有當紅的產業，如加工產業取代原物料
產業，而工業金融產業又取代加工產業，最後資訊產業時期
再取代工業金融產業。以後電腦資訊產業也一定會被某種產

業取代，若依照台灣取代的循環而言，大概也快要有某種產業出現以取代現今紅透半邊天的電腦資訊業。這就是投資標的物的改變，投資標的物不但種類在變，連質與量這兩者也在改變。

第一因素：投資的標一直在變

股市永遠在變的第一因素，就是因為投資的標的一直改變，所以，反應經濟現狀的股市，自然不斷的改變。股市追逐經濟，經濟不斷地改變內容，當然，股市也不斷改變追逐的內容。

第二因素：交易模式不斷改變

股市一開始時，交易所成立，採取人工集體撮合，由券商租下交易所攤位，客戶透過券商集體交易，然後券商再逐一與客戶交割。這樣的制度對於交易所而言，是最有利的方式。它等於把交割責任推卸給券商，交易所本身只要對券商交易清楚，也就沒其他責任了。

但是，卻容易引起弊端，因為是集體競價，交易單位不是個人而是券商，有時券商必須先整合許多筆資料之後，然後才喊價。問題就出現在有時行情看好，券商交易員會私下先吃單，甚至營業員也會吃單，把已成交客戶剔除在外，然後先加上自己的單子，等到下一筆才回報成交。若行情已經

上漲，就回報客戶無法成交。反之行情下跌，便抽出客戶的
成交賣單，說成是自己的放空單，行情只要上下啟動，皆有
油水可撈。於是當時只要證券商上班的人，上班不出半年便
可能成為當時的百萬富翁。從業人員成為不法既得利益者，
這樣的制度衍生了許多糾紛。但是，吃虧的仍然是投資大眾。

　　後來交易電腦化之後，這種特殊的交易模式才逐漸平息
下來，可是這時交易時間也產生變化，由原來的三小時，週
末二小時，轉變為週一到週五每天四個半小時。許多上半天
班的投資人，因此無法全程參與，也造成了生態不小的改變。

　　再來是櫃檯買賣的興起，櫃檯股票買賣本來在民國87年
之前都屬於無法直接交易的市場，後來拜電腦交易之賜，於
87年後開放一般投資人買賣交易，其中交易制度不斷的改革
，至今交易模式似乎與上市公司沒有兩樣，使得市場增加另
外投資的標的物，因此也分散了資金的集中性。

第三因素：企業內部不斷改變

　　就是企業內的變化，人有壽命限制，而法人也有壽命限
制，據內政部資料統計，台灣企業超過10年以上者，不到百
分之十，也就是說90％的企業，會在10年內倒閉。因為企業
可分為五個時期。

　　1. 襁褓期

　　2. 成長期

3. 茁壯期

4. 衰老期

5. 結束營業。

公司股票上市時，大部分剛好在公司的成長期、茁壯期和衰老期。至於襁褓期、結束營業屬於上市掛牌的前後期，不歸投資人掌握。五個時期營收獲利各有差別，表示內部不斷改變而影響內部改變的有六個因素分別為

1. 時間改變因素

2. 經營團隊改變因素

3. 產品變化因素

4. 經營者心態改變因素

5. 股東變化因素

6. 市場變化改變

等六個因素，詳細內容《突破股市瓶頸》一書已詳細說明，在此不再詳述。

第四因素：持股者不斷改變

股票市場的交易，一定是一買一賣，才能形成一個交易，由於交易頻繁，使得持股者不斷改變。一家上市公司的股權，在一年的股東大會之後，董事時常會有所異動。這就表示這家的持股比率又有所變異了。時常聽聞哪個主力入主某某企業，佔有董監幾席等等。

　　而且台灣股市已有四十餘年的歷史，長江後浪推前浪，不斷有新貴出來主導市場。一開始由主力、金主主導市場，後來不斷的更新主力之後，電子新貴成為主導市場的力量，現在則由專業的三大法人主導台灣股市，一波一波的輪替，混亂的情況如同一開始時期，完全沒有改善。

仍有不變因素

　　以上這四個因素不斷的變化影響股市也不斷的改變，但是讀者不要被以上的亂象所迷惑，從此認為台灣股市就是一個「亂」字，還是有個永不改變的東西，只要讀者了解到這一點，投資股票就進入了「臨危不變、處變不驚」的境界。

　　在股市裡唯一不變的就是「有買有賣才成交易」的基本法則。於是，我們可以衍生出一個不變的原則，那就是「價量關係」，因為交易必須明確訂定出「價格」與「數量」這兩個數字。所以，除非無交易，一旦有交易就必定存在「價量關係」，這「價量關係」變成我們唯一可以在股市裡面信賴的指標。

11.投資相對性

　　股票市場的規則是集體競價、個別交易，在股市裡我們看不到自己的交易對象，我們賺了誰的錢，賠錢給誰了，都

無法知道。因為它的交易撮合行為是集體進行的。也就是，股票市場是一個大家共同意志形成的交易模式，而且是買賣雙方「立場相對」的市場。

但是，它不是一個「絕對性」的市場。它必須要吵吵嚷嚷的，各人有各人的意見，必須要有買賣雙方才能成立。而且必須各人有各人的做法考量，有人長期投資，有人短線進出。交易行為也不需要他人認同，一旦多數人認同了同一方向（多向或空向），它就是變成一面倒的盤，那種局面是非常罕見，也是非常危險，往往大好之後就會跟著大壞。

大部分的交易時間，都是有人看好，有人看壞；有些人看基本面，有些人看技術面；有些人完全自我判斷，也有些人道聽塗說，甚至有些人是看節氣、算易經在買賣股票的，這樣才能買賣成交。

相對性

一切都是自發性的行為，看好的人買進股票，看不好的人賣出股票，在市場上沒有一個絕對的答案，也不能有一個絕對性的標準做法。

買賣股票只不過是牽扯到「『自我判斷』是否與『整體趨勢』相符而已」；相符了就賺錢，不相符就賠錢。交易之所以成立，當然是有人買、有人賣才能成立，賣的人當然是不看好才賣出。買的人當然是看好才買進。兩者本來就是站

在相對的立場。

不用說服他人

所以，電視上的投顧老師，甚至一些投資研究機構，在大聲疾呼某檔股票如何理想，如何適合介入，這些行為除了對自己股票拉抬有些幫助之外，對市場的交易是沒有任何幫助的，甚至有負面的影響，他這樣的行為等於加速把該股的買氣消耗掉。一旦買氣消耗完畢，該股也就玩完了，自己反而會引火上身，自食其果。

反市場操作

股票市場也有所謂的「反市場操作」，當市場一片悲觀時，此觀念的人開始買進股票（沙烏地阿拉伯的一位王子，就是在美國發生911恐怖攻擊事件之後，開始大量買進股票）。等到市場一片大好之時，他們開始賣出股票。先不管他們的做法對不對，至少因為有人看法分歧，股票市場在一面倒的時候，才仍會有人交易，也維持住股市運作的機制。

而所謂的反市場操作也是不正確的（為何它是錯誤？因為它犯了預估與逆勢的毛病），而筆者所謂的「趨勢」，也不過是大家在紛紛嚷嚷中，慢慢形成的一個模糊共識。

「那檔股好像不錯！」的想法漸漸形成，股價也應聲上漲，一旦形成共識了，也就是該檔股票最強勢的時候，這時

大家都去搶位、卡位，成交量也開始放大。此時，也是該檔股票的「開始衰退」時期。

錢的市場

因為股票市場就是「錢的市場」，下一步無法再以錢繼續支撐下去，該買的人都買了，不該買的人也都買了，再也沒人接手，股票於是供過於求，股價於是向下修正。

這就是股市有名的擦鞋童理論（擦鞋童是買不起股票的人，但是當他也在注意股票的時候，也等於是宣示市場的買氣已經用盡了），連不該買股票、不會買股票的人，都已經在注意股票，那後續還有人會接手股票嗎？所以，股價當然會向下修正。

混水摸魚

當股票市場還在渾沌不明時，其實是股價真正表現最好的時候。在筆者聽來，紛紛嚷嚷、多空分歧的聲音才是最安全的聲音。等到人云亦云、大家立場一致時，大家對走勢認定一致時，才是最危險的時候，也就是這時是股價要大幅回檔的時候，真是所謂的「混水好摸魚，水清則無魚」，在股票市場，這句話是鐵則。

12. 選股重主流

茫茫股海,如何從眾多的個股當中,選取最愛呢?當然不能憑自己的喜好決定,一定要有所依據,而這個依據我們把它當作是一個利基(投資獲利的基本假設要件),也就是能說服自己的條件。

主流類股當利基

利基有很多種,如基本面很好、產品具競爭性、價量結構漂亮(以籌碼分析而言)、市場主流等等。據筆者多年的觀察,以主流為依歸加上價量結構漂亮,會是一個最理想、最及時、最有效的利基。

所以,跟隨主流計算它們的「籌碼線」買股票,會是最有效而且實際的方式。為什麼呢?因為主流類股,正是市場上最熱門的類股,它吸收最多的人氣,而錢是物以類聚的,人多好辦事,錢多也好辦事,主流類股正是把錢聚集在一起的地方,有錢做後盾就算業績不好,只要籌碼漂亮,股價照樣也能漲翻天。而非主流的產業,業績表現再亮麗,都得不到投資人的青睞,股價往往上漲有限。

花開堪折直須折，莫待無花空折枝

有人投資偏愛金融股，有人偏愛航運股，有人偏愛電子股，其實這些都是不對的，如果它不是主流股，讀者根本就不必鍾情它，讓大老闆自己去愛就好了。我們只要花開堪折直須折，莫待無花空折枝，當個欣賞者，無花就走人不必留念，明年花開時，再來摘取就好了，其他的時間就讓園丁（老闆）去默默耕種灌溉。否則，投資的金錢隨著它的股價貶值，等到它真正漲起來時，或許自己只是回本而已。而真正受益人是剛買進來，最沒有忠誠度的新股東。那時候不就是只見新人笑，不聞舊人哭，那樣的欲哭無淚嗎？

主流定義

而要認定主流類股，我們就必須給主流下一個定義。

> 主流類股的定義：週轉率大者而且要維持在一定的水準之間。

週轉率高者不一定就是量大，股本小的公司週轉率雖高，量卻未必很大，而有些股本大公司，只要一點的週轉率，成交量就超過其他公司許多。所以，看「量」不應該看成交量，應該看「週轉率」，並且週轉率的大不能曇花一現，要

像江澤大海一般,維持在一定的水準之間(在週轉率一章中有詳細解說)。可是也要有個先決條件,那就是要在多頭格局當中,若是在下降格局當中的類股,週轉率再大的類股也不能去碰,愈碰吃虧愈多。

主流是由錢慢慢累積而成

主流是慢慢形成的,是由錢慢慢累積而成的一個類股,就像長江黃河,也是容納許多的支流,才形成一個大江,主流更不是預測出來的。

很多分析師喜歡預測出來下一波的主流是什麼,哪一個產品又會變成下一個主流。這完全的不合乎邏輯,要成為主流之前,需要時間和金錢的累積(這就是週轉率重要的原因),若只靠預測就把大把的資金投入該股,萬一市場轉向空頭,不就鉅額虧損而且套牢了嗎?應該跟隨當時的主流就可以了,主流像似長江黃河一樣,由一條條的支流匯整而成的,不可能憑空捏造出來,更不可能憑空消失去。

主流不會憑空形成

主流一定是籌碼沉澱之後才會出來的,主流不會憑空形成,它一定是經過市場的淬煉和反覆的磨鍊,經過籌碼不斷洗清浮額之後,才會產生。所以,一旦形成之後就不易再改變它的主流地位。

　　許多投資人都有一種心結，就是股價升太高之後，不敢再買進股票。心裡會想如果當初低價就買有多好，何必現在才來追高呢！可是卻沒想到，當初是別人打下的天下，如果是早買的話，也可能早就被別人洗清浮額出場了，還有可能獲利嗎？所以正確做法，等待主流出現，再高興的投資下去吧。

推算主流的方法

　　①**三大法人開始買超**：三大法人養了很多的產業研究人員，所以當三大法人開始買超的時候，就是一種契機，因為它們雖然有良好的研究人員，卻無法一次買進完畢。而且判斷買賣的人，說實在素質並不高，並未有效掌握契機，但是至少它們知道產業消息，所以，一旦三大法人開始買超，就應該馬上計算籌碼線，若是正向排列，這就是一檔非常好的股票。

　　②**價格至少不再跌**：上升最好，至少不能再跌，盤整也沒有關係，如果股價維持原樣，往往會有超利潤的表現，更值得投資，若股價往上升，則馬上有獲利出現，一樣不可以放過。

　　③**不能見報的利多消息**：這是我個人的心得，往往報章雜誌開始刊出利多消息，就是股價往下修正的時候到了，因為報紙一份15元，人人都買得起，一旦報紙透露了這訊息，

也就等於大家都知道了，如果大家都知道了這訊息，買了這股票，明天還會有誰來接手呢？所以千萬不能見報，見報就見光死了。

重勢的太極股市

各位從以上的觀點，大概知道，筆者對於股市的觀念是重視「勢」的，重勢的看法也源由於筆者開始學習太極拳之後。覺得太極拳裡的理論用法，簡直就是股市的翻版，也覺得怎麼都沒有人發現或使用呢？就像跟隨主流，投資才有利基這理論，也彷彿和太極拳裡的——捨己從人，有著相同的道理。

捨己不從人

而要有利基，也就是如陳式太極的大陸名師—馬虹所說的「捨己不從人」，也就是以四兩撥千斤中的也要有四兩力才行，就是要有個立足點的意思。而跟隨主流就像是眾星拱月，沾月亮光可以把星星的光芒更加輝映。主流中的主流就是月亮，我們雖未必擁有，但是當晚的星星明亮，可不能再錯過欣賞喔。

*13.*賺明日股價

　　「買今日股票，賺明日股價」這個觀念，筆者在《突破股市瓶頸》一書中就曾經揭示過，獲得讀者很大的迴響。投資人初聞這說法，一定有人會說：「為什麼買今日的股票，是要賺明日的股價，而非是賺今日的股價呢？難道當天就不可以賺股價嗎？甚至有人能在一天當中當沖股票，能賺漲跌幅度14％也說不定呢？」

　　事實上，的確有這樣的記錄，但是這種機率和中彩券的機率其實是差不多。筆者倡導「買今日股票，賺明日股價」這觀念主要是為了引導投資人，有「不貪、不懼」的投資觀念。

正確觀念

①把眼光放廣，不要錙銖必較：

　　不要為了今日一顆小芝麻，丟掉了明日手中一張大餅。

②不要被「停板」這名詞迷惑：

　　跳脫台灣股市設計的缺憾。現在的股市設計讓投資人心理有個無形的障礙，以為7％就是一個段落，或者以一天當作一個段落（尤其當沖）。

③股價永遠是往前走：

　　股票會不會賺錢，是看你賣出的股價是否高於你買的股價（時間在此是不重要的因素），價差是正或者是負，來決定是賺、賠，所以，明日股價才是今日買進股票的決定點。對於投資而言，時間永遠是向前看，投資永遠也應該向明日走勢看。

　　④對於股市有連續性的觀念：

　　交易日是天天相連的，而不是天天從新開盤，所以理論上，一定是後一個交易日，延續著前一個交易日趨勢。

　　⑤別跟以往的股價比價：

　　有些人買股票，會挑跌深的股票買，而不管這股票是否已經「變質」了。這種股票比價的做法，是非常危險的行為，如同有人站在十層樓的樓頂，和旁邊的50層樓相比，覺得自己已經低很多了，但是，這時候若不小心掉下去，一樣會喪命啊。

　　⑥不會怕追高，也不會高興買到低點：

　　投資人永遠怕追高，永遠要買今天的最低點或者波段的最低點，但是，就算買到最低點那又如何呢？假若沒賣到一個波段的高點，賺的還是不多呀！而且根據資料顯示，最低點成交張數往往只有幾張而已，對資金較充沛的投資人而言，又怎能塞牙縫呢！所以，重點是買比明天低就好了，這樣不就輕鬆愉快，而且鐵定賺錢嗎？

　　⑦不要被盤勢左右：

　　投資股票本來愈敏感愈好，但是，太敏感到被消息左右、被微不足道的八卦新聞所左右的話，投資就不會理想了，投資應該要敏感時敏感，要撐住時撐住著。這個觀念可以把投資人拉升到明日的境界，完全以判斷明日是否漲跌為進出依據，投資自然順心如意。

　　⑧計算籌碼，避免風險：

　　利用籌碼線計算今日的價量關係，然後確定明日會比今日有更高價之後，才能買進。（註：籌碼線在運用篇，會詳細介紹）

如何避免缺失

　　當你計畫要買股票時，應該把所有的思維和看盤功力的運用，都集中在股票明天會不會漲的方面去。

　　只要您的心態如此，你就可能發現，或許現在買股票，只是暫時的激情，或只是一種攤平的心態在作祟，可能這支股票的籌碼明顯在倒貨。或者只是技術性反彈而已，明天遇到大壓力區的話，這時候的上漲只是蜻蜓撼大樹罷了，不幸的話，又要住進「套房」，翻身不知要等到何時。

　　也有可能您會發現，雖然今日已經高檔，但是該股票前途明顯一片坦然，毫無壓力，籌碼也才剛剛啟動，後備動力極大。今天就算是漲多了，這時候的您因為是集中思維在明日的走勢上面，就不會計較今日的得失，或許今天是買到當

天的最高價，但是那又如何，明日一來，又一根漲停板等著
您，不是更好嗎？

聽勁的功夫

而且若是以明天的股價為準的想法，形成在您的思維裡
後，慢慢的，你就會練成一種太極拳裡叫做聽勁的功夫，來
的勁是大是小，一聽勁就知道，股票要不要買，一想到明天
會漲不會漲就清清楚楚，也避免了踩到地雷股的危機。

彼微動，己先動

更重要的是把注意力集中在明天股票會不會漲上面去，
你的思緒開始變的敏感，對今日的股市亂象一點也不介意，
一心一意只在乎明日走勢，再加上筆者發明的「籌碼線」運
用，甚至還可以反向利用一番，投資心境自然通透清明。

若股票快要漲停了，眼看就要鎖起來了，要不要追呢？
如果您使用籌碼線計算出量價配合漂亮，推測出明天大有可
為。您一定會「安心自在」的買下去。

但是，推測的結果認為只有今日漲，明天一點希望都沒
有的話，您也會不動如山，不為亂象所惑。

如果照您的預期，股票鎖漲停，隔天又大漲，那就恭喜
您。您使用「籌碼線」就會愈用愈順手，漸漸形成您自己獨
自的看盤功力，與眾不同的決斷力。

但是，如果盤不但沒漲停，反而當天就下跌，明天也沒漲，從此看不到自己買的股價出現，那又該如何呢？那也沒關係！

錯了就改

本來就會錯，看錯本來就是正常的，先前講的第一個現象，也要先面對看錯、做錯現象之後，才會達到看盤功力的提升。這是一個很重要的問題，在「停損、不停利」一章中，會好好的教你怎麼避開如此的問題，並化危機為轉機，人不為聖賢，我們在這一章先要「原諒自己的投資錯誤」，判斷錯一點也不需要難過，完全判斷正確才叫稀奇呢！

只因為牽扯到錢，問題才會變質。若找一個小學生來問：「若寫錯字之後怎麼辦？」他一定馬上會回答你：「擦過重寫就好了。」事情不是就這麼簡單嗎？可是牽扯到錢，彷彿一切都變的複雜，而連心態也改變。這也是下一段要破解的迷思。

打破非持有股票不可的心態

非持有股票不可的心態，常常會出現於已經投資虧損人的身上，也是一種自我欺騙的行為。這樣的投資人常常不管股票的實際價值是多少，只想維持一樣的股票張數就好了。因為他已經把股票視為鈔票了。

　　甚至於不同的股票也沒有關係，只要數目一樣，心裡就比較安慰。常常見到從高價的電子股，一直玩到低價的地雷股，這是個非常不智的做法。股票人人會買，如果買錯了，和預期的不一樣時，就不是人人會賣了，該如何處理呢？

正確的做法

　　1.心態——買今天的股票，是要賺明日的股價，而非是賺今日的股價。

　　2.做法——以「籌碼線」實際運用。

　　若依照這兩者去做，其實已經避免80%以上的錯誤。剩下的就是我們以下要解決的問題。

股市如同開車

　　縱橫股市就像開車一般，而要縱橫台灣的股市，就更像是縱橫台灣的交通一般。如果沒有洞燭先機的本事，肯定會出事。買賣股票若像開車一樣，投資肯定會賺錢。

　　買一次股票就想賺大錢才賣，就如同開車上路之後，把汽車油門一踩，就想達到目的地一般的遙不可及。

　　開車一定要油門、煞車交互控制，方向盤運用妥當。車子才能往前，往後，轉彎，減速，停止。之後才可能到達目的。

　　同理，若買股票，只會買而不知如何賣出股票的話。就

如同車子沒有轉彎和煞車，如何使股票賺到應賺到的股價呢？

停損是煞車

股票的煞車系統就是「停損」，買股票一定要有停損的心態，沒有人可以完全的肯定，買的股票明天一定會漲，因為干擾股市的因素太多了，您會知道：921地震之後的第1，2個交易日幾乎所有的股票都是跌停的嗎？停建核四之後，股市也是從8000點一直跌到5000點附近嗎？美國911事件之後，台灣股市停止交易一天之後，又連跌三天嗎？當然無法知道，我們不是神仙，我們只能後知後覺。所以我們要使用「停損法」。

停損法前提

股票買進之後的唯一工作，就是觀察明天走勢和自己的預期是否一樣！

①首先判斷是否和市場的反應不同，有些股性喜歡開低走高，若差距不大，建議多等一天，股價總需要整理，只要價差不要太大，沒有多大差別。

②差距過大，南轅北轍的話，立刻啟動停損。

九折拍賣

買進的第一天若不上漲，是可以忍耐不賣的（對一般順

勢操作而言），但若第二天股價還沒有明顯的上漲，甚至二天之內損失超過全部金額的10％的話，建議馬上停損。因為籌碼計算是不能容忍所買進股票超過第三天還沒上漲。那表示當初認為「認定明天會漲」的判斷是個錯誤。籌碼已經反轉了，買的那檔股票並沒讓自己獲利，這時候最好的策略，就是讓這檔股票離開吧，因為自己已經無法掌控它了，手上的股票都是要能掌握的股票。

錯則勿憚改

在股市裡最重要的事就是錯了能改，要不斷和昨日的自己作戰，否定昨日的自己是家常便飯。一味不變，是非常危險的事情。但是，原則千萬不可改變。一般的投資人，最常改變的是它的原則，而不是它的投資行為，例如：當初買股票只是為了獲得一點價差而已，可是一旦買了套牢之後，就會安慰自己，這家公司的獲利不錯啦，就當作是長期投資算了。到後來，就真的長期套牢了。

長期投資做法必須逆勢

有計畫的長期投資一定是低價買進，或者分批買進，讓自己的持股成本降到最低。而不是自己高價買進套牢之後，才想要長期投資。

並且長期投資，以行為而言是不能順勢操作的，相反的

愈逆勢愈好，愈是大跌愈是買超，愈是高價愈是賣超，但以「心態」而言，卻是不折不扣的順勢而為。因為長期投資所謂的「勢」，是公司的獲利能力。公司的獲利能力好才值得長期投資。若公司的獲利愈來愈差，還在長期投資，頭腦不但有點「秀逗」，而且還是愚忠。

讓經營者去傷腦筋

長期投資的標的股票，獲利開始變差了或者是遠景變差了，就應該出場觀望讓經營者去傷腦筋，投資人所要做的就是抽離資金，然後觀望，讀者是否覺得現實和殘忍呢？

沒有錯，在投資的殿堂裡，就應該以「現實」為第一考量。所謂的現實就是，認清事實，然後照事實去做。

守株待兔的風險太大，不可輕易嘗試，寓言故事也告訴我們，守株待兔是容易餓死的，所以，我們要一個完全無風險的股票操做法，在此法裡守株待兔是行不通的，為何守株待兔的風險太大呢？時間風險是它的最大的因素，在時間巨輪的運轉下，任何事情都會改變。

14.不預設立場

如果您已經投資過股票，一定知道股票有所謂的壓力與支撐，也一定常聽到「壓力」與「支撐」這兩個名詞。攤開

報章雜誌股市這一欄區，十之八、九會介紹現在股市處於哪個「壓力與支撐」間。

所謂重點？

任何的股市分析師，一定會用許多的基本分析、技術分析、產業預測，很用心的把股市的壓力與支撐找出來，然後告訴投資人哪裡是買點、哪裡是賣點、哪裡是會轉折，波段高點在哪裡、下波段什麼是最有希望飆股，不是嗎？這些不都是他們認為的重點嗎？

刀口舔血

如果常看電視解盤的話，會發現本來有一個很紅的分析師，看盤都很準確。可是自從有一、二次報牌失利之後，他整個人就不見了，想要再聽他的高論也都沒機會，或許隔了一陣子之後，又會慢慢恢復他的節目。道理很簡單，因為他的明牌失利，收不到會員、投資人抱怨，電視台也有它的壓力，受到觀眾的抱怨，也就不再請他上節目，這就是所謂分析師的宿命—刀口舔血。

也有天才分析師

也有許多股市分析師他們非常的努力，技術分析學的非常好，可惜他們對股票的「態度」不對，所以雖有高超的技術和功力，所能著墨的地方卻是很有限的。

這是因為歐美的前人，所謂的大技術分析家，編排了許

多的技術分析。這些技術分析都在做「預設壓力與支撐」的事情，而後人也習慣性因循這樣的管道學會了股市的分析技術，並且發揚它。結果股票走勢在大家「預測」之下，反而很少與預測相符的，因為大前提不對的情況下，所做的行為又怎會對呢？

所以，我不自許自己成為一位天才分析師，若真要名之的話，不如成為一位刁鑽滑溜的「鬼才分析師」吧。因為筆者永遠著重在計算籌碼、順勢操作，自然就被外界投資人誤認為是刁鑽滑溜了，筆者也期許讀者成為刁鑽滑溜的投資人。

順勢不預測

現今的分析師受到前人分析師的影響，努力去做看起來本分的事，而忘記自己應該去追求的真正目的。真正的投資目的在於「找尋獲利、規避損失」，不是在預測它的走勢，應該順著股市的走勢，走勢能漲多高就賺多高，會掉多低就應該停損多久，投資永遠應該站在「第二線」的安全處，絕對不是預測行情的結束和起漲點，這就是太極所謂「捨己從人」，這才是投資的真諦。如果真要預測的話，還不如去聽算命師的話，可能還會準確一些，可惜現在的分析師都在替股票算命，不會覺得太離譜一些嗎？

支撐與壓力

說到不預設，是心態的問題，不是技術不好也不是不用功。這一節筆者更明確指出到底什麼不能預設立場！

1.壓力；2.支撐。

因為在股市裡，任何的變化都會影響股市，甚至與股市無關的變化也會影響股市，所以絕對不行以波浪理論來固定走勢，更不能純粹以一般的技術分析斷定股市。因為股市是變化無常的，若自設壓力與支撐，就會變的自我設限，一旦遇到突發事件，就會慌亂失常。

如果真有「壓力與支撐」的話，那買賣股票就照著「壓力與支撐」買就好了，支撐到就買進，壓力到就賣出，這樣大家也會，那也就不會有人買賣股票還會賠錢。但是，事實上80%以上的投資人是賠錢的。

也請問讀者一個問題，如果大家都會在「壓力與支撐」點買賣，當大家都要賣的時候誰會買呢？而當大家要買的時候又有誰會賣出呢？我們知道交易的存在必須一買一賣才能成立，若到時沒有人成交，那也無法成為市場。既然交易實體不存在，又何謂它的「壓力與支撐」虛體的存在呢？

另外一個問題就是，如果大家都知道「壓力與支撐」的確存在，那是否投資人會乖乖的最高一點賣出，或者在最低一點買進呢？

當然不會，一定會有大半以上的人，會在之前賣出或買進，結果又造成「壓力與支撐」的提前反應，那「壓力與支撐」點還能稱作是「壓力與支撐」嗎？反而之前的才是真正的「壓力與支撐」。依照如此的結果（「壓力與支撐」提前

反應），我們一直推演下去，最終的結果，不就是壓力與支撐由於不斷的提前反應，結果股價愈壓愈近，最後兩者相互碰撞，這時也沒所謂的支撐與壓力的存在了。所以股市裡絕對沒有所謂「支撐和壓力」的存在。

真實的現象

我們來看看，如果真有壓力存在，那麼為何股票會創新高呢？如果真有支撐存在的話？那空頭時為何股價又會屢創新低價呢？所以，預測支撐猶如是異想天開，因為沒有人可以知道股市明天會如何。而預測壓力就如同杞人憂天、庸人自擾更是自我設限，平白把一塊肥肉讓給了別人，真是天大的浪費啊，所謂的壓力與支撐，只不過是投資人幻想出來的一種東西而已，讓自己好適應多變的市場，讓自己的買賣進出有些理由而已，根本不存在於股票市場裡。

只是藉口

「支撐與壓力」不過是膽怯的人、不服輸的人和搞不清楚狀況的人假設出來的一種狀況，在小行情裡，偶而會有一些作用。但是一旦真正行情啟動，不管是往下或往上走，最大的輸家，就是那些心理有支撐與壓力的投資人。

*15.*停損不停利

投資人會買股票是因為起「貪婪心」，而會賣出股票乃是有了「恐懼心」，「貪婪」與「恐懼」驅使投資人做出買賣的行為，構成了市場的交易。於是知道了這樣的道理，我們不但不應該害怕它的作用，反而應該巧妙運用這樣的原理，反過來成為我們手中的利器。

只設停損、不設停利

那我們到底該如何利用這兩種心態，做好安全又有效率的交易呢？

那就是：只設停損、不設停利。

不停利就是充分利用「貪婪心」的加乘效果，當股價上漲時完全不要預期會漲到哪裡，也就是利用「貪婪心」不斷的享受股價上漲帶來的豐厚利潤，因為完全不預期壓力，所以不會輕易被走勢洗盤時洗去。

而設停損就是充分利用「恐懼心」，它是配合上頭「不停利」方法設計出來的相對手法，停損永遠隨著股價的上漲而調高，永遠不會希望把持股賣到最高點。但是股價上漲之後，卻永遠把停損價調整上去，可以把它設計為最高點之後的一定比例（譬如說10％），也可以更專精一點，以本書教

授的籌碼線當作標準，跌破籌碼線就停損掉。甚至應該有「十次停損，勝於一次套牢」的觀念。

如此一來，便可以充分享受獲利的大部分，卻可以在股價反轉的時候，立刻停損掉（建議以籌碼線當作標準）。

獲利難尋

「不停利」的原因在於股市裡獲利難尋，如果可以賺十元的股票，只賺一、二元就賣掉的話，肯定會後悔不已。所以，為了不讓自己後悔，當我們找到一個籌碼組合漂亮的股票時，千萬不要太快放手。有些時候，一檔股票在天時、地利、人和配合的情況下，可以飆漲到好幾倍的價格，如果只賺一、二成就賣掉的話，真是要後悔莫及。

最好的策略就是「以什麼樣的方法找到，就以什麼樣的方法賣出」。如果是認為它的前景會好才買的話，就等它現況真的變好時再賣出（因為前景不會再變好了）。如果讀者以籌碼線找到的話，就等到它籌碼組合變壞時賣出，這就叫做「操作統一原則」。

都是停損

股票賣出時機，雖然眾說紛云，但是依照筆者認定卻只有一個，那就是「停損」。第一賣出時機，一買到股票，如果是馬上虧損的話，二話不說立刻停損。投資的真義在於「

將本求利」，手上要留著的股票都是要會獲利的股票，這是
投資心態問題。這個心態等於告訴自己，「我是來投資獲利
的，不是來住套房的」。

第二個賣出時機，就是獲利反轉的時候，因為我們不設
停利，所以，我們不會預設賣點，任何的獲利股票都是等到
最高點出現之後，籌碼反轉時才出脫的，所以我們也不會賣
到最高點，所以，筆者認為也是停損。

重勢不重價

有上述的共識之後，我們就可以繼續往下一個心理關卡
走，那就是持有股票「重勢不重價」，勢等於是錢的累積，
股票的交易都是由「量」和「價」兩個因素組合成，而這兩
種因素的組合就成了「勢」，當價與量兩者都強時，「勢」
一定會強。

若有其中之一轉弱的話，就等於是走勢的轉折點。當兩
者皆弱時，「勢」也一定是積弱不振的。所以，判定「勢」
強弱會比只看價格變化來得準確，判定「勢」強弱的能力等
於是決定投資的盈虧，而勢是由「價」、「量」組合起來，
應該從「量價關係」切入勢的判斷。

商人無祖國，投資無忠誠

「計算籌碼」只對量價忠誠，不會去看基本面，也不會

管技術面的好壞,因為筆者已經確定計算籌碼才是正確的分析道路,應該以籌碼分析取代現今的指標,就如同商人無祖國,投資人更應該無忠誠度才對。您不需要對您投資的公司忠誠,也不需要對您技術指標忠誠,只需要對自己的投資金錢忠誠就好了,公司、技術分析甚至筆者的籌碼分析只不過是您利用來賺錢的工具。這是筆者認為投資股市最佳的「中心想法」。投資股市,賺錢才是第一要務。

16. 投資需品管

　　從事生產的公司有品質管制,從事服務業的公司也有品質保證,甚至房屋仲介業對於他們經手的二手屋也都有品質保固。最主要的目的就是確保交到消費者的產品和服務是有一定的水準。不良品、不佳的服務,應該在過程中就被發現並且剔除。最好的品管是,直接在生產的過程就把壞品找出來,避免流通到消費者手中,不但減少了產品回流的問題,也提高了生產效率。

　　然而我們投資股票,和產品比較起來就好像顯得毫無保障,券商管的是它們能否順利交割,證管會管的是券商和上市(櫃)公司的行為是否違法,就是沒人管你的投資是否獲利。投資人踩到地雷股,證管會會將那家出事公司法辦、停權、打入全額交割,卻沒人會管你投資損失,站在投資人的

立場，投資獲利才是最重要的事情，其他反而是次要的，但是，目前的制度反而只是在管理次要項目，對於主要項目，卻是愛莫能助，所以投資人，我們必須要自求多福。

在投資股票還沒有一套很精準的監控措施出現之前，我們的投資行為，若只是利用籌碼計算的方式，也是會踩到地雷（因為籌碼的安全，並不代表股票就是安全，它只是代表股價相對安定而已）。若要避免就必須有一個「投資品管」的存在。凡是不符合「投資品管」的股票，就不應該投資，不管它有多大的誘因，有問題的股票就不應該存在我們的手中，這樣才是最安全的做法。

21項指標

以下的條列，是筆者統計容易發生狀況的事項，若持有股票有下列狀況，超過四個以上，應該儘速出脫為宜：

①價格異常高或低

②月營收不理想

③調降財測幅度過大

④公司喜歡護盤

⑤公司負債比率過高

⑥資券餘額偏高

⑦價格淨值比偏高

⑧喜歡操縱外匯

⑨本益比數年都維持高檔

⑩董（監）事持股質押過大

⑪成交量太小

⑫每股盈餘過小

⑬明顯主力介入炒作

⑭母公司、子公司交叉持股過大

⑮日週轉率超過10%以上

⑯轉投資公司出現虧損

⑰經營者健康明顯不佳

⑱董（監）事申報持股轉讓過大

⑲上市轉為上櫃

⑳被交易所調降信用評等

㉑公司內鬥

等21項指標。

如何知道

要如何知道上市（櫃）公司以上的事情呢？就是多閱讀有關上市公司的消息，多閱讀專業的雜誌，專業雜誌不是看分析師怎樣預估走勢，而是要看上市、上櫃公司的一些正負面消息，然後了解和推敲您現在投資公司的現況，並且上網到交易所股市觀測站查詢。

我最喜歡用的方法是結合無遠弗屆的網路加上方便有效

率的電話。

　①上網到以下網址查詢上市（櫃）公司近況

　（台灣證券交易所網址：http：//www.tse.com.tw）

　（財政部證券暨期貨管理委員會網址：http：//www.
sfc.gov.tw）

　（證券暨期貨發展基金會網址：http：//www.sfi.org.
tw/newsfi/chinese.asp）

　②直接打電話到上市公司去詢問

　大部分都可以得到我想知道的狀況，而且常常還有許多
的意外收穫，無意中讓我得到更多有效的資訊。

17. 遵守投資紀律

　投資股票市場的人，各種理由都有，光怪陸離之事也時
常發生。概括論之，它是①貪婪②恐懼兩種心態的組合。不
管怎樣的變化，都離不開先前說的兩種心態。

　事實上買賣股票的活動，本身極其無聊，為何會造成貪
婪與恐懼的心理產生呢？最主要是在於投資人的預期心態，
尤其預期自己透過買賣股票的行為，讓自己財富大增，可是
事與願違，和買樂透彩一樣。絕大部分的投資人（約80％）
投資是失利的。

菜籃族

股票是一種投資行為，所謂的投資一定是資金＋時間，若只有資金沒有時間那叫「賭博」，只有時間沒有資金那叫「做白工」。

理論上，不會有人把明天的買菜錢拿來買股票，但是台灣的交易制度是Ｔ＋２日後交割，也就是買後第二個交易日（後天）才真正要繳錢，這中間的兩天，彷彿是真空期。所以，就有人會拿另有他用的錢，來作短期輸贏，或者成天耗在券商看盤，久久才下一次單，或者股票套牢了，天天去券商看盤找尋機會，這些把「賭博」與「做白工」兼備的人，戲稱之為「菜籃族」。

這是把股市當作是賭場或者聊天室。這是一群必敗的股市投資族群，因為他們既不專業也不用功，完全是在浪費自己的生命，讀者千萬不可成為其中之一。

過度擴張信用

為何有這麼多人在股票市場傾家蕩產，原因在於擴張信用。擴張信用使人一元塊錢當二元使用，甚至原本的一元還是向銀行貸款得來的，等於是當五、六元使用，可算是在做無本生意。當然賺的時候，它就是無本生意，但跌的時候，那可是無限的沉重呀。本來買股票一定要有錢才可以，最糟

糕的,也不過是投資的公司倒閉,投資進去的錢沒有罷了。但是,許多人不應該把標會的錢、銀行貸款的錢、向朋友借來的錢、養育兒女的錢、養老的錢,拿來投資股票。

這些有特定用途的錢,應該是使用在特殊用途上,如同政府把「核後端基金」運用到中船公司的虧損彌補上,一樣的不智。難怪這些人要眼睛一動也不動的盯著大盤變化,萬一輸了可是無法彌補的沉重。

順勢與停損

但是,股市可是無法如此快速致富的,許多人錯就是錯在對股市認定上,誤以為它可以快速致富。筆者從事股市交易14年,從未看到投資人在股市裡快速致富的,若有其實也是該人已經佈局股市一段非常長的時間了。所以,若要我告訴投資人,什麼是投資進場最好策略的話,那我會說:「計算籌碼,順勢操作會是最好的投資策略。」該進場的時候進場和該停損的時候停損,那就是最好的策略,不必天天盯著盤,搞得自己那麼累。

無須研究基本面

既然股票順勢而為是最好的策略,那麼讀者其實不必太在意去研究股票的基本面,因為您是無法真正得到正確消息的,我們得到的只是上市公司美化過的財務報表。所以,我

們就可以知道為何有些公司到了期限時，還無法提出它的財務報表。可能就是它出了一時也很難美化的問題，這種公司之前給您看的財務報表都是經過美化的；您不會如坐針氈嗎？

做生意的成本

當非洲獵豹在捕捉一隻獵物的時候，會不會不需要跑就可以抓到獵物！當然不可能，根據生物學家的統計，非洲獵豹每五次捕捉獵物，才有一次可能會成功。所以我們也不要期望股票能買到最低價，反而應該是確定籌碼之後才跟著介入，但是，這樣的做法，成本似乎比主導者還高，這時候，我們就要把多出的資金成本當作是必須的費用，這是成本觀念，才不會有所懊惱。

永遠向明天看

所以，當股票起漲了，且籌碼落在低檔區的話，這時候我們最好的做法，就是搭順風船，就算是追漲停也無所謂，如同太極拳裡的「聽勁」，自己的力量有限，一定要藉著聽別人的勁，借到別人的勁後，才能發我們的勁，兩股勁合起來必然事半功倍，這又比獵豹花力氣去追獵物的等級還更高一級，雖然比別人多花一點錢，得到一樣的待遇和收穫，卻可以免去失敗的危險，其實是更划算的事情。

這就無所謂追不追高的問題，若是沒有計算籌碼，就有

追高的危險，但是，若價量籌碼呈現優勢排列，甚至漲停也
應該買進，因為不要忘記我們永遠是看「明天會不會漲」，
而不是今天價位的高低，如果既然明天還會上漲，那今日的
高低就無所謂了。

遵守投資紀律

　　跌停也是同樣的狀況，既然人家都不要了，我更沒有
理由把股票留下，千萬不要有捨不得和惜售的心態，因為我
們只要賺最有把握的那一段，捨棄「有風險」和「有賭博性
質」的那一段，這才是我們面對股市應遵守的投資紀律。

操作篇

18. 先判定走勢

　　想要成為一個有原則的投資人，在進場投資之前就應該先判斷股市（個股）走勢。千萬不可貪圖一、二日的股價上漲，而輕忽整體的走勢，要記得股價容易起伏，趨勢卻不容易改變的事實。而走勢卻只有簡單的三種情形：

　　①上升趨勢

　　②下降趨勢

　　③盤整趨勢

　　有原則的投資人只有在判斷出趨勢之後，才可以進行操作，如果判斷不出趨勢，就不能胡亂下場操作，更不要人云亦云，這是有原則的投資人的堅持，因為胡亂操作的下場到最後容易變成不知所云。

　　我們要知道趨勢是不會輕易改變，股價只能在其大範圍內遊走，不會超脫。一旦趨勢要反轉，「買氣」勢必會先產生變化。所以，只要抓住買氣的動向就容易抓住趨勢改變的第一時間。

買氣→趨勢→順勢操作

　　所以，投資股票的順序應該是

　　先抓買氣，確定趨勢，然後順勢操作。

三種趨勢

筆者先把三種趨勢的發生狀況分別陳述出來，讀者就容易判斷現在是在哪個趨勢當中

上升趨勢：

股價愈墊愈高，拉回就是買點，逢高勿賣，它有可能以45度角上升，也有可能30度、60度角上升，亦有可能幾種角度混合的上升。

千萬不要以兩個（或數個）高點、或低點來界線股價的走勢，當你落入這樣的迷思之時，想起大數學家牛頓投資也會失利，甚至不准別人在他面前談投資，就可以恍然大悟，原來投資是藝術，而不是數學。筆者建議只要記得在反轉點（由籌碼線上去找）出清手中持股就好了。如果讀者不想賣在股價的最高點後的次低點的話，就試試用另一句我的投資名言：「籌碼集中點就是股價崩潰點，籌碼崩潰點就是股價起漲點」。當籌碼集中已到無以倫比，各方人馬都已經卡位完畢的時候，這時候市場上仍然一片叫好聲，那就是股價要崩潰的時候到了。總之上升趨勢就是籌碼不斷湧進股市。

下降趨勢：

如同上升格局一般，它也有可能是單一走勢，亦有可能複合走勢，它的走勢很像上升格局倒過來看，也是一樣，唯一的差別在於：

買氣凝聚困難，賣壓凝聚卻很容易

買氣需要量的支撐，而賣壓卻不需要量，有量無量照樣都可以跌下來。這時候的股票，什麼時候都是賣點，有股票就應該賣，不要等反彈才賣，更不要持股抱牢，確認下降格局之後，就是賣、賣、賣。股價的上升、下降很像登山，爬山時又累又慢，可是下山時卻是又快又急。總之下降趨勢就是籌碼不斷離開股市。

如果你有台指期貨戶頭，不妨以十分之一的資金做空，也就是一百萬資金以十萬元分批放空台指期貨，逼不得已千萬不要券空股票，因為放空股票在市場上是弱勢行為，台灣股市條件尚未成熟，容易受傷，只要放空期指就可以了。

盤整趨勢：

盤整格局一般都是買賣雙方不肯表態，多空消息也不定，也有可能國際盤不佳影響國內投資意願。依照經驗法則判斷，大部分是買氣無法凝聚，所以判斷的標準，在於成交量是否放大量，若成交量一天多，一天少，或者逐漸萎縮，無法形成買氣。這都是盤整走勢。

盤整走勢一旦買氣潰散，容易形成另一波的下殺，這時候，應該注意大股東的是否申讓持股，以及券商進出表裡三大法人持股是否降低。總之，盤整趨勢時股價忽高忽低，成交量一直不能維持高檔，如週轉率不能維持在3%以上的水準。

如何判斷？

如何判斷多空的分界呢？在此依照順勢操作的精神，把注意事項列出來，以便讀者參照。

大盤應該注意的項目：

①每日的買進均量，是否每筆超過8張（8張以上買氣強，以下買氣弱）。

②逆時鐘曲線，指向應該朝右或者右上。

③KD值是否交叉向上。

④三大法人的進出表：

　　⑴買超主流類股是多頭走勢

　　⑵小買超、小賣超銀行、傳統績優股是盤整走勢

　　⑶賣超主流類股是空頭走勢

⑤每日成交量大於800億是多頭，小於600億是空頭，800億～600億是盤整。

⑥國外的股市趨勢（尤其是美國、南韓）。

⑦外匯市場（熱錢流入、流出）。

⑧國內資金狀況。

大盤不應該注意的項目：

①前一月營收報告。

②本益比排行。

③市場與報章雜誌的小道消息。

④人為刻意的支撐（含政府）。

個股應該注意的事項

①券商進出表

　⑴個股前二十名的買賣超比（比數量）

　⑵買進、賣出的券商持股（比股票分佈狀況）

②大股東持股庫存。

③三大法人庫存。

④個股以週轉率3％為多空的分水嶺。

⑤以「籌碼線」，判斷買氣強弱。

　⑴紅、黑兩線的距離

　⑵與其他日期的比較

以上是利用觀察大盤與個股，來掌握市場的走勢，大盤強，個股表現容易超漲，大盤弱，則個股再強也必須小心應對。總之，能觀察清楚以上的項目，大致就能掌握股市的方向，方向清楚了，再下手買股票也不算遲。

19.市場消長順序

釣魚若釣的好，股票就一定做的好！

一位釣魚專家曾經對我說：「如果釣魚想要釣的多，只

要注意到兩個問題就好了！」

我聽到趕緊問他是哪兩個問題？

他說：「第一：魚群要多；第二：索餌意願要強，這兩問解決了，其他都是旁枝末節。」

這位釣魚專家不炫燿自己專精的釣魚技術，卻把問題推到魚身上去。

他見我迷惑，於是解釋道：「如果這兩個條件不具備的話，再好的地形、潮汐、時間，再精良的裝備也是無用武之地。我曾經到塞班島浮潛，那裡的魚群之多，多到連人跳下水去，都會被當作是食物，啄啄看能不能吃。在那裡想要釣魚，只要拿根釣繩，綁個釣鉤，勾點魚餌，隨便放下水去，就會有大魚上鉤。那時我才體悟到，以前我鑽研釣魚技術的方向是錯的，應該轉向去找像賽班島這種魚場，也就是魚群既多；索餌意願亦強，釣起來才會有成就感，所以，後來我釣魚幾乎都是研究當地是否多魚，當時魚是否愛索餌，之後每次釣魚都能滿載而歸。」

我聽了他的一席話，終於豁然開朗，看來他釣魚的境界果然高深。所以，筆者才說「會釣魚的人，來做股票一定會賺錢」，因為會買、賣股票也和釣魚一樣，只要注意大事，其他都是旁枝末節。

衡量買氣

　　什麼是股市的大事？那就是「買氣」，只要有買氣任何股票的任何價位都是低檔，有買氣好股票股價就會漲翻天，有買氣爛股照樣也可以好幾翻，買氣來了，就有人肯用更高價位買你手中的股票。

　　又根據統計，台灣一般投資人（用融資買股票者）買股票，會抱著除息除權者不會超過40%。這事實說明了，台灣投資人投資股票只在熱門的時候進場，在股市冷卻時退場。所以，只要還有買氣推升股價的話，其他的基本面好、技術面佳都只算是它進場的理由，而當買氣消失了，股價也應聲下滑了，那時就算基本面再好也是沒用，那時就算基本面變壞，技術面變壞，也都是股市分析者建議投資人出場的理由罷了。

　　所以，筆者認為在股市裡「衡量買氣」，才是最重要的事情，其他都是旁枝末節。

　　由市場消長的圖形（圖19-1）中，我整理出來股票市場上漲、下跌時的順序原則。股票市場的漲、跌就如同發明波浪理論的技術大師R.E.艾略特說的：「和大自然的波浪潮汐一般，一波跟著一波，週而復始，相當有規律性，任何波動皆是有跡可循。」

　　R.E.艾略特發明了波浪理論來解釋股市週期運動，可是

筆者卻認為波浪理論太過於僵化，加上研究的方向不對，不
應該注重股市的週期模式，而是應該注意它的「漲跌順序」
，所以筆者把漲跌順序推敲出來。

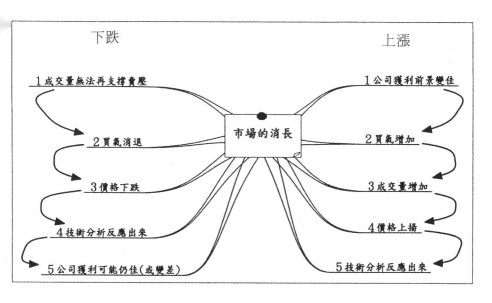

圖 19-1

因為股市不是大自然的產品，自然不會有固定的模式。
所以，股市不應該有規律的週期，但是，它卻無法擺脫固定
的漲、跌順序，所以，我們只要掌握漲跌順序的原則，就等
於掌握股市活動的脈絡，也等於掌握了股市的先趨。圖中

上漲順序為：

①公司獲利前景變佳
↓
②買氣增加
↓
③成交量增加
↓
④價格上揚
↓
⑤技術分析反應出來

在其中要注意到的是①公司獲利前景變佳中的「前景變佳」並不代表上市（櫃）公司的獲利就一定增加，這只是一種徵兆而已。這種徵兆可能是該產品成為市場上的熱門商品、競爭對手垮台、研發新技術成功、訂單增加、公司營運轉強等等因素。筆者統稱為該公司「前景變佳」。第一反應的是與該公司關係密切之人，這時候愈是該公司內部的核心份子愈了解其「前景變佳」。這種消息慢慢由內部擴散出來，由業務部擴散到管理部門，再擴散到財務部門，再擴散到董（監）事，然後整個公司的員工都知道公司前景不錯，漸漸地消息擴散至合作廠商、週邊人士，後來新聞面開始漸漸揭露該市場可能轉好的訊息。

先知道的人有些人會開始買進，有股票的人也都不肯輕易出售，由於供需的不平衡，賣的不肯賣，買的加碼買。於

是第二項順序：「買氣」開始增加，然後成交量這時候才跟著放大，由於買方勢力大於賣方勢力，價格就開始揚升，於是這時候才影響到第五項的技術分析，技術分析這才反應出來。然後不斷的再從第二項～第五項反覆交叉影響，尤其台灣股市有漲跌幅的限制，這等於是一種壓制的反效果，造成的反彈反而更大。透過每天的買進（賣出）限制，造成更強烈的走勢，若是美國股市，毫無限制的情況之下，反應的時間都不會太久。但是，第五項的技術分析卻總是在最後一棒反應，成為道道地地的落後指標。

為什麼

因為市面上的技術分析無論是K線、RSI、MACD、KD值、BIAS、ADL、ADR等等都只有股價的組合變化，除了人氣指標（ＡＲ）、逆時鐘曲線，有稍微涉及價量組合之外，其他技術分析通通只在做「價格組合」的遊戲罷了。所以等到該公司的「質變」之後，價格才變了，技術分析被價格影響最後才變。這也是在告訴我們技術分析只是輔佐投資的工具而已，若把它當作是投資基準的話，將如圖一般陷入最後一隻老鼠的地步。

本末倒置

可惜現在市場上的分析師、投資人都還抱著順序中的最

後一項，去推測前面四項，難怪沒有人敢宣稱他完全靠技術分析從股市賺到大錢，其實這也是不可能的事情。萬事都有順序，怎可能本末倒置呢？

正確做法

如果你我都是一般的投資人，請問該如何提早切入這順序的前面，筆者認為第一項的公司獲利前景變佳，一般投資人無法確實掌握，而且可能會拿到錯誤訊息，被報章雜誌欺騙。最好的方法還是先掠過，等到第二項買氣的增加之後再來介入。對你我而言，可能會是最及時、最省力、並且最有效的方式。

於是筆者精心設計了「籌碼線」，就是專門為了抓「買氣」設計的，因為籌碼線結合了量價組合，由一天的價量組合，推展到數天價量組合，只要運用籌碼線，個股的「買氣」將一目了然，無所遁形。

再來我們看下跌順序：

①成交量無法再支撐賣壓

↓

②買氣消退

↓

③價格下跌

↓

④技術分析反應出來

↓

⑤公司獲利可能仍佳（或變差）

　　再好的股票，股價也不可能天天上漲，終究有一天股價開始會下跌。順序如同上漲的因素一般，還是在於市場的「買氣」變化，第一變化的因素絕對是賣壓突然湧現，是獲利了結也好，是利空襲擊、利多出盡也罷，總之市場上賣的人增加了，賣壓沉重了。

　　這時候其實「買氣」還沒消退掉，還是有可能賣壓被消化掉之後，股價繼續走揚。若賣壓被消化掉，又有可能走回上升順序的第二項～第五項，若成交量已經無法支撐賣壓之後，終於買氣開始消退了，在這些細微的變化當中，股價還沒反應過來，有時候是呈現盤整的型態。甚至有時候，股價還有可能是「虛漲」的型態。

　　但是，筆者精心設計的「籌碼線」，這時候由「量價結構」著手可以明顯找出證據出來，證明買氣已經在消退（在籌碼線實例時會詳細說明）。

　　等到股價終於反應之後，所有的投資人就都會看得到股價掉下來了，而由於先前說的技術分析只有價格組合，等到股價下跌之後，技術分析這時候才開始呈現弱勢的訊號，看技術分析的投資人、分析師眼睛精明的，手腳快的，這時候才開始「落跑」。沒有順勢操作觀念的投資人，反而會在此時愣住，不知所措，甚至加碼攤平成本，結果通通住進「總

統套房」，以總統級的支出，卻享受套房的待遇。

最值得注意的是，此時的公司基本面，可能還是良好，甚至創新高，但是投資者已經不能滿足這樣的數據。也可說是被這樣的盈收數據吸引過來的買方，已經到達飽和點，除非有更佳的數據，吸引更多的買氣，否則這一批人終將成為最後一隻老鼠。也因為股價是反應未來的，由於對於未來的反應已經實現，就算是公司獲利良好，也不可能在短期間解得開高價時買進者的層層壓力。

所以，想要執著於基本面的投資人可能就要三思，因為要考慮到的事情是：「到時候，還有人會買獲利變差的股票嗎？」有農夫會讓他的麥子長蟲、發芽之後，才收割它的嗎？有人會喜歡人老珠黃的老女人勝於年輕貌美、活力充沛的小姐嗎？若有的話，畢竟也不可能太多吧！

結 論

以上這上漲、下跌的順序原則，乃是筆者精心觀察股市生態，花費14年的時間，23萬筆的成交記錄之後，才得到的心得。也是有此順序才讓我感到投資人在股市洪流之中的微小，也才能創出「順勢與停損」的思維。「順勢與停損」是投資的原則，至於真正的操作手法，卻在於「早人一步」的買氣強弱判斷，而判斷的標準乃在於「籌碼線的運用」，讀者若能掌握「籌碼線」的運用，等於是把自己的提款卡連通

了國家的金庫，股市將成為您取之不盡的財富。

20.勢的認定

　　我的投資口頭禪裡面，有一句話是「捨己從人，順勢而為」。這句話的第一句「捨己從人」是太極拳經裡面的一句話，意思是說：「當與對手交手時，不能有主觀意見，完全捨棄主見，依照對手的勁道來反應」，這樣一來，就能做到「四兩撥千斤」的效果。我覺得把這道理用到股市裡來，非常適合。所以，就成了「捨己從人，順勢而為」這句讀者反應不錯的經典明言。

　　後一句的「順勢而為」，或者是順勢操作，現在投資人都已經常常聽聞，也慢慢有這樣子的觀念。但是，實際在執行買賣時，卻常發現無法做到，要不是買貴了，就是預測不準確，後來我又提倡了我的實際做法，那就是「順勢、停損法」。

　　雖然加上了「停損」，至少知道買錯了，會停損賣掉，比起只順勢買進而言似乎多了一層防護，可是一般投資人還是無法套用在股市上，自己也不能老是買股票來停損。關於這一點，我與讀者以他們自己實際例子探討之後，終於發現他們的最大原因。

　　原來投資人認為的順勢而為，與我說的順勢而為，其中

的順「勢」有很大的差距，難怪用起來不理想。

錯誤的順勢

投資人初進股市，只會低買高賣，完全不敢追高。在經歷過一陣子的投資時間之後，自己會發現手上的股票，都是一些只會跌不會漲的「過氣型」股票，或者一些無限盤底的低價股，這是初學者的通病。

賺少就賣，賠錢不敢賣股票，也不敢追買股票，套牢捨不得（或不會）賣掉。

歷練一陣子之後的投資人，有了相當經驗之後，膽子變大了，敢去追價買股票，膽子大的人，這時候的做法會是：管它什麼高價股、低價股、好股票、壞股票，只要會漲的通通都是飆股。這時的投資人，已經粗略具備「順勢而為」的觀念，會順著盤勢操作。但是，根據我的成交記錄裡，這樣的投資也是常失利的，或者只能小賺而已。

為什麼？

這時候的投資人，還不知道投資裡的一個重要循環，那就是我發明的「拋球原理」。球拋的再高，都會掉下來。而且掉下來的速度與力量絕對大於拋上去的速度與力量。依據「拋球原理」投資人買賣股票，若全程參與，損失絕對大於獲利，因為球拋到高點的時候，力量將會用盡，等到球無法

再往上移動時，它必定會以加速度反過來傷害投資人。

所以，當人把球拋上去之後，若還站在原地不動的話，勢必被自己拋上去的球所傷。投資股票會買不厲害，會跑會賣不受傷才是真厲害，這就是「拋球原理」。

許多投資人在股市多頭時會買股票，賺了錢也會賣股票，還會低接已經賣出的股票，來回賺價差。可是一旦股價被套到了，股票在帳面上開始賠錢，就不知如何處理？這如同會拋球但不會閃開一樣，站在原地等著被球打。

被套牢了，常妄想過兩天股價就會漲回去。有這樣的原因，根本的問題就是出在「順勢而為」之中，對「勢」的認定不明確。所以，就算是老手，會順勢操作，若無法及時判斷「勢」的話，仍然無法得到良好的利潤。

許多投資人都把勢當作是趨勢來看待，其實謬矣！百分之九十以上的人，都會認定「順勢」就是「順趨勢」，其實這是不對的。我的「順勢而為」裡的勢，真正探究起來，應該正名為「買氣」才是，勢是「買氣」，不是趨勢。筆者解釋其中的差異給您知曉。

什麼是「買氣」

若把買的力道，講成「氣」則太過虛無，我們以實際狀況來解釋，以「大盤」與「個股」兩方向，來詮釋何謂買氣。

大盤：

　　「買氣」在大盤上的表現就是「委買進均量」，交易日從開盤到收盤，股票大盤中有一項，名稱為「委買進均量」的統計資料，這就是買氣的指標。根據我14年來長期觀察的結果發現，如果當天「委買進均量」維持在8張以上，當天收紅盤的機率很高，而若當天「委買進均量」維持在8張以下，則大盤容易收黑。這代表此時是大戶還是散戶在市場裡。

　　所以對大盤而言，「委買進均量」再配合「委賣出均量」就是一個很好度量「買氣」的指標。一般而言，盤勢不管如何，「委賣出均量」幾乎都會大於「委買進均量」。因為不管市場如何蓬勃發展，畢竟都有人只想撈點油水而已，尤其現在以套利、賺價差為主要業務的法人機構愈來愈多，他們遇到：

　　①與海外發行認購憑證有差距的個股時，就會下場沖銷。

　　②摩台期貨指數股與台股差距較大時，會沖銷摩台概念股。

　　③除權後，子股股價不佳，也會先賣出母股（法人不能放空子股鎖單）。

　　④公司債轉為正常股時，也會套利鎖單。

　　所以，「賣出均量」不是我們的觀察重點，賣壓一定會有的，只要不要與委買均量相差太大就行了。當我們觀察到當天「委買進均量」大於「委賣出均量」的話，那天的收盤價一定是大漲，這乃是因為連套利、撈點油水的人也都看好

後勢，投資人當然也一致看多之故，所以股價就應聲大漲了。

個股：

個股而言，現在台灣證券交易所還不能公佈個股全部的「委買量」（除非漲跌停），不過我們退而求其次，有一項統計還是可以觀察得到「買氣」，那就是當天的成交「分價量表」。這個項目是把當天從9：00開盤，一直到收盤的所有成交價與成交量都統計起來。我們從這裡，就可以輕易的看出個股在集合競價後的結果，與當天收盤價與大量價之間的關係。一般而言，外行看熱鬧，內行看門道，外行只會看「成交量」每筆的大小張數、成交量，內行人卻會看「分價量表」的組合變化。

獨門看法

我現在提供另一個觀察買氣的獨門看法，那就是應該看**週轉率**，如果當天該股的週轉率低於3％的話，就屬於弱勢走勢，大於3％的話，就屬於轉強走勢了。為什麼是3％而不是2％、5％，這是經驗法則。通常股本在10億～100億之間的個股，週轉率大約在3％左右是它的股價發起量。所以，注意週轉率等於叫我們注意個股股價是否會發動。但是，先決條件就是：

①該股在市場上充分流通。

②成交單量裡，紅的比黑的筆數多。否則，那是賣壓不是買氣。

所以，觀察個股買氣強弱以週轉率3％為界定，是一個很好的判斷標準。

個股第二項買氣判斷就是籌碼，如果週轉率有起色，但是查當天籌碼狀況，仍屬於是散戶買進的（例如融資增加、集保減少），股價仍然容易回檔，可是當天若是屬於三大法人買進的，或者是董（監）事買進的，那股價將會有一波行情演出。因為股市畢竟還是需要源源不斷的金錢匯入。而三大法人、董（監）事畢竟屬於較穩定的一方。所以，判斷股價會漲多、漲少，完全要看當時持有者是誰來決定。

以上就是「勢」的認定，千萬不要把「勢」當作是波浪理論的預估推升波，還是葛蘭碧八大法則的遊戲規則。「勢」若要講的清清楚楚的話，就是「買氣」，不是其他東西。

21.何謂籌碼

何謂籌碼？

在賭場上代替賭資的替代品，稱之為籌碼，它有各式各樣的形式，有的像塑膠硬幣，有的像整盒紙錢，甚至有的小賭場拿牙籤當籌碼，可說是形形色色。但是，我們在這邊所說的籌碼，是引用籌碼為代幣的精神，即買進賣出股票的金

錢，因為股票的成交價值差異很大。有九百多元一股的，也有零點二元、零點一元一股的，差距實在非常鉅大，價值無法統一，不得已我們只有用籌碼這名詞來代替。

首先我們必須對股市的籌碼下個定義，以便使我們不會迷失在文字遊戲之間。

定義：

籌碼在股市裡代表著——

1. 買進、賣出股票的張數，以及在外流通股票的張數，以股本為範圍。

2. 金錢。

3. 兩者之間的變化。

籌碼的變數

股市中的籌碼是有變數的，由定義中我們知道籌碼是股票張數與金錢的組合，一旦兩者其中一方發生變化，連帶也會影響到另一方結構，進而影響到整個籌碼的結構。

例如 1：政府宣布降息重貼現率四碼，市場上的游資於是增加許多，游資無法宣洩，便開始投資股市，股市注入了新活力，於是本來該跌的走勢，被資金行情的帶動之下，反而變成上漲走勢。

例如 2：台積電有一年獲利良好，當年賺了一個資本額，於是決定配發股票股利10元，某甲抱股除權，某乙在除權前把股票賣掉，除權後，再買同金額股票回來。可是由於價

差太大，台積電連漲了五根停板之後某乙才買到，於是兩人的持股成本，差距拉大到40％。某乙虧損了40％的利潤。

以上這兩個例子就是當股市的籌碼產生變化之際，所造成的問題，所以，我們投資股票更應該注意，籌碼哪時候會發生變化！

籌碼增減

籌碼的增減原因如下：

籌碼減少：

1. 公司減資。

2. 股票列管（新上市三年內）。

3. 熱錢的消退（包括銀行利息上升，資金撤離台灣）。

籌碼增加：

1. 公司除權。

2. 公司增資（含公司債轉為股票）。

3. 融資買進數量成為融券放空數量。

4. 熱錢的流進（包括銀行利息下降，資金湧進台灣）。

以上的七項變化，會使得股市的籌碼產生變化，計算籌碼者最忌諱不能掌控籌碼，一旦有無法追蹤的籌碼，將會使得自己的計算大打折扣。例如：當我們算好籌碼在買方方面較多的話，股價容易上漲，可是在後來當中股票卻源源不絕的倒出來，就表示有人在倒貨，此時股價反而容易再下跌。

　　所以，運用籌碼計算要有好效果，應該避免以上七項的時間點，只要避開前面七項，籌碼計算就會是很有效率的股市投資工具，更聰明的做法是利用以上七項的時間點作正確的切入，把以上七項變成加乘的效果。例如：匯率升值，熱錢湧進。這時就是買進股票卡位的時機，因為把鈔票換股票的動作，會隨著匯率升值而愈來愈多，此時卡位股價就容易上漲。

22. 籌碼計算的目的

為何要算籌碼？

　　讀者應該先明瞭，計算籌碼一定是要有範圍的，才能發揮它計算的功能。一般而言，股市大盤是無法計算籌碼的，因為大盤它本身是無範圍的。所以，計算籌碼就不適合以大盤指數為主的衍生性商品——如台指期貨、電子指數期貨、金融指數期貨等。民國90年國安基金為了護盤，不惜拉台指期希望有領先作用，可惜與大盤相差甚遠，結果自己嚴重套牢，最後在結算時，反而大賠十億元。

　　從這一點上就可以知道，大盤是無限籌碼的根本，無法掌控。但是對於個股而言，由於個股股本有限，所以，計算籌碼反而是最容易達成的手段。

我們計算股市籌碼的目的，是想知道以下的答案：

①這些籌碼誰買去了？

②他花了多少錢？

③他有沒有獲利？

④他的成本價在哪裡？

⑤他還會不會再加碼買進？

⑥他會不會馬上賣出？

如果有了以上的六個題目的答案，我們很快就能知道，這檔股票還會不會漲。因為這六項問題的答案，在告訴我們投資人是否會繼續持有股票，還是想賣出股票。也就是，這六項問題把指標指都指向股票的「買氣」是否還存在？我們在前一章說過買股票最主要就是在「衡量買氣」，所以籌碼計算的目的可說是為了「抓買氣」。

至於公司營運好不好、公司賺不賺錢、技術指標是否轉強，那都是相對性的問題，對於當下的股票走勢而言不是絕對性的關聯，這也就是為什麼公司仍在虧錢，股價卻已經在上漲了？也是為什麼技術指標會轉強？

這一切都是買氣帶動的，尤其技術指標根本只是買氣帶動股價之後才轉強的指標，它根本只是落後性指標。絕大多數的投資行為，不會因為技術面仍佳，而不賣已經快賠錢的股票。拿落後指標預測未來走勢，如同拿清朝的歷史來看中華民國的發展一樣的無知？

譬如說 1：有人買到好公司的股票，卻賠了一大堆錢，那怎麼說？

譬如說 2：有人買了爛公司的股票，股價卻翻了二、三倍，又該如何解釋？

譬如說 3：許多人看準技術分析上揚之後才買入，卻發現股價卻已經要反轉了，又該如何解釋呢？

所以，我們可以確定投資股票之道，不是衡量公司營運好不好，不是衡量技術分析好不好，而是在衡量「當下買氣」還在不在！

應對的答案

以計算籌碼為方法，就可以知道以上六個答案，所以籌碼計算的內容，就理應包含了——

①籌碼的分佈狀況。

②買進、賣出價格因素。

③持有量大小因素。

④價量之間的協調。

⑤買氣的計算。

這五大點。

以下我們便會針對這五大點，一一鎖定目標，來計算我們的籌碼！進而發展出許多不同於市面上的技術分析、基本

分析的工具出來，以便計算買氣的大小，以及如何使用方便的工具，來計算出短期趨勢的走向。

23. 充分利用公開資訊

　　台灣證券市場的最大進步，不是電腦化之後，交易快速、方便，或者是延長交易時間與國際市場同步，以便吸引外資投資，最大的進步應該首推證管會規定交易所每個交易日都要公開以下資料：

　　①大盤及個股的融資（券）餘額變化。
　　②集保庫存的變化。
　　③（外資、投信、自營商）三大法人的買賣超個股、金額及張數。

　　這三項的公開，每日都會在交易所交易完畢後公開，這樣的公開性資料使得全部投資者的投資行為無以遁形，資訊的公開愈透明，對主力大戶而言操作相對愈困難，也促使投資者必須硬碰硬的拿出實力出來，再無僥倖可言，正所謂是攤開牌底打牌，只能以牌的好壞取勝。對我們計算籌碼的散戶投資人而言，愈公開的資訊愈容易知道籌碼與資金的落點。

　　筆者這一派的投資分析法，也只能夠在資訊公開透明的

市場下成立。反之，資訊公開不明朗，甚至誤導，我們就應該停止目前的籌碼計算，回歸到渾沌時期的投資方法，聽信明牌、跟隨主力操作。

透過公開的資訊，我們就可以擷取對於我們有用的及時資訊，透過這些資訊的取捨，也將決定我們投資的優劣。若收集的資訊都是些不重要、不及時的資訊，對於投資獲利沒有好處，反而有害。相對的擷取正確的資訊，對於我們投資有即時性、準確性的幫助，將會使得我們投資更加靈活。所以，資訊的取擷將是以後投資人最為重要的工作。

筆者在此先列舉，筆者認為重要資訊的項目：

①券商進出表。

②三大法人進出名細表。

③集保庫存表。

④融資（券）餘額表。

⑤大股東持股明細表。

⑥股價走勢圖。

⑦成交量走勢圖。

⑧週轉率表。

⑨分價量表。

等九大項目，是在投資一家上市公司之前，籌碼計算者所必備的資訊，從這九大項目之中，我們就可以推演股票它

未來的走勢。至於其他項目，如公司財報、營收狀況、財務
預測等等，我認為不是一個「個人投資人」需要完全懂得的
項目。個人投資應該專精於「個股籌碼變化」的掌握上，其
他專業的財務報告，只要交給專家去判讀，我們只要做好自
己能力範圍之內的事情就好，如此就能當個快樂的投資人。
至於其他的技術分析，筆者都已在觀念篇上一一舉證過，證
明它們的不適用性，讀者不可再重蹈前人覆轍，以免投資失
利。

股票不是天天買賣的

　　讀者如果在看完上述的九大項資訊之後，就會發現一項
事實，那就是，股票市場每日開放交易，可是依照我們買賣
原則來看，卻不是天天可以買賣的。

　　沒有錯！有位學員他每天很認真地在券商看盤，下午聽
演講，或者看電視解盤，而且一有時間就會去書店把所有的
股市技術書籍買回來看，自己家裡還定了一份報紙、一份周
刊。可是他卻告訴我，他買賣股票不但沒賺錢，而且還賠了
不少錢。

　　為什麼？原因在於：他太頻繁進出股票了，筆者當初在
券商擔任經理人的時候，就知道太頻繁進出的方式是行不通
的，因為與筆者天天見面的客戶，幾乎都是虧損累累的，反
而一年進出一、兩趟的客人，卻是賺錢最多的族群。

原因

太貼近股市對自己一點好處也沒有，我們從九大項目中知道籌碼的消長，其目的在於要掌握最佳切入點和最佳賣出點，而不是天天隨波逐流。股市能不能賺錢和你與它交易的頻率沒有關係，卻和你與股市的距離有密切的關係，交易頻繁並不代表你就與股市距離近，反而容易迷失在金錢遊戲裡面，距離若要近應該是要多關心。

關心什麼呢？關心前面的九大項資金消長的狀況，和它們所形成「買氣」，這才能真正獲利。

所以，股票不是天天都可以買賣的，只有等待最佳時機出手，才是最穩當的策略。

24.券商進出表

這份表格有很大的用處，甚至有許多的投資人根本不知道它的存在，或者知道它卻是不善用它，而這份券商進出表若使用恰當，常常能窺得主力、大戶、外資、法人、散戶的進出狀況，讓他們手法在自己眼底下無所遁形。

長期觀察這份表格的變化，等於會知道對手的企圖，如同常和一人下棋必定會知道那人的棋風一般，可是看券商進出表卻是「我獨知彼，而彼不知我也」，我們進而利用它達到利潤同享的效果。

一份個股券商進出表裡，一定會有：

①買進

②賣出

③券商名稱

④張數

⑤差額

⑥日期

⑦個股名稱

等七項主要內容，如（圖24-1）。而且電腦會依照投資人您所選取的日期範圍，以差額高低順序排列好。

華映　　　　　個股券商進出排行表　　90-10-08至90-11-20

	券商名稱	買張	賣張	差額	鎖定		券商名稱	買張	賣張	差額	鎖定
1	台　　証	17375	7464	9911	0.00%	172	建　　弘	11191	15717	-4526	0.00%
2	自　營　商	12042	7434	4608	0.00%	171	寶來	13323	16139	-2816	0.00%
3	鼎　　富	6961	3673	3288	0.00%	170	復　　華	12657	15121	-2464	0.00%
4	統　　一	18742	15707	3035	0.00%	169	中　信	7830	9990	-2160	0.00%
5	永　　興	4464	1674	2790	0.00%	168	所羅門	0	2000	-2000	0.00%
6	富　　隆	5888	3385	2503	0.00%	167	元京總帳	28254	30138	-1884	0.00%
7	和通	3334	1035	2299	0.00%	166	日　　盛	16820	18578	-1758	0.00%
8	元　　富	19350	17159	2191	0.00%	165	永　昌	5454	6840	-1386	0.00%
9	亞　東	3850	1980	1870	0.00%	164	金華信銀	6364	7575	-1211	0.00%
10	富邦	30848	28979	1869	0.00%	163	致　　和	3407	4521	-1114	0.00%
11	聯　邦	1428	485	943	0.00%	162	福　勝	1475	2570	-1095	0.00%
12	土　銀	1625	845	780	0.00%	161	鼎　康	1812	2785	-973	0.00%
13	力　世	859	140	719	0.00%	160	台　銀	353	1315	-962	0.00%
14	台　育	3057	2393	664	0.00%	159	大和國泰	110	1009	-899	0.00%
15	長　鴻	898	248	650	0.00%	158	金　鼎	5402	6241	-839	0.00%
16	太平洋	1824	1278	546	0.00%	157	華　寶	0	827	-827	0.00%
17	寶　宏	752	442	310	0.00%	156	康　和	4042	4834	-792	0.00%
18	大　裕	1124	817	307	0.00%	155	協　和	5220	5887	-667	0.00%

股本437.53億.

圖 24-1

注意項目：

券商進出表觀察的重點有下列幾項

第一，買進、賣出券商排行：從表格當中投資人就可以知道，我們所選取的日期範圍當中，哪家券商買進最多，賣出最多。以圖24-2為例，當天買超最多的是元大金華，賣超最多的是怡富。

彩 晶　　　　個股券商進出排行表　91-02-26至91-02-26

	券商名稱	買張	賣張	差額	鎖定		券商名稱	買張	賣張	差額	鎖定
1	元京總帳	4210	1996	2214	0.00	172	怡　　富	102	2036	-1934	0.00%
2	寶來	2475	1328	1147	0.00	171	鼎　　富	30	1581	-1551	0.00%
3	金　　鼎	1404	333	1071	0.00	170	日　　盛	1386	2669	-1283	0.00%
4	大　　慶	1170	130	1040	0.00	169	富邦		2455	3534	-1079	0.00%
5	建　　弘	1304	472	832	0.00	168	康　　和	282	1176	-894	0.00%
6	亞　　洲	1070	275	795	0.00	167	永　　全	69	912	-843	0.00%
7	寶　　宏	490	47	443	0.00	166	亞　　東	838	1455	-617	0.00%
8	大　　華	942	522	420	0.00	165	工　　銀	62	423	-361	0.00%
9	倍　　利	693	282	411	0.00	164	三　陽	65	379	-314	0.00%
10	群　　益	1401	994	407	0.00	163	太平洋	348	658	-310	0.00%
11	金華信銀	722	334	388	0.00	162	第一綜合	59	325	-266	0.00%
12	大府城	317	48	269	0.00	161	日　　陞	3	243	-240	0.00%
13	和通	702	502	200	0.00	160	中　　信	769	994	-225	0.00%
14	鼎　　康	316	146	170	0.00	159	元　　富	1033	1233	-200	0.00%
15	統　一	867	703	164	0.00	158	富　　隆	77	269	-192	0.00%
16	復　　華	1086	937	149	0.00	157	新　　寶	152	318	-166	0.00%
17	高　　橋	232	102	130	0.00	156	通　　營	48	192	-144	0.00%
18	台　　育	240	154	86	0.00	155	玉　　山	38	157	-119	0.00%

股本256.00億.

圖 24-2

第二，買進、賣出的差額比較：①單欄的比較，買進欄、賣出欄裡單欄的比較，可看出券商進出的股數。以圖24-2

為例,當天元大金華買超2214張,怡富賣超1934張。

　　②兩欄的對比,買進欄與賣出欄的差額對比,就可以發現您所選取的日期中是買氣強還是賣壓強。

　　第三,外資的影子:人人都有習慣,一旦形成習慣,自己不覺怪異,旁人卻可以輕易察覺出其中不同。利用券商進出表就是利用他人的習慣,察覺其特異性。

　　例如,在個股券商進出表見到,怡富、港商荷銀、港商里昂、大和證、美林證、美商高盛、奔亞證、所羅門等外資習慣進出的券商,再配合外資進出明細表就可以知道是哪些外資在進出該檔股票。以圖24-2為例,可見得當天外資在怡富開始賣超TFT-LCD彩晶。

　　第四,主力的影子:由於主力有一定的進出條件,台灣主力因而常常與小券商配合,所以,當我們見到小券商排行卻在前面時,就應該警覺到有主力進出了。

　　知道了以上的四樣變化之後,我們只要長期觀察「券商進出表」,就能知道哪時外資、主力進入了,哪時外資、主力已經在出貨,才不會被他們故意塑造的股價走勢所騙,從個股券商進出表中我們可以得知:價會騙人,量無法騙人。

真正的騙局

　　我們得知價會騙人,成交量卻無法騙人,可是從一般的

技術分析上，絕對看不出來其中端倪，股票價值變化常常是：

①先有內容的質變。

②轉化成持有成分的量變。

③最後才轉化成價變。

我們也知道一定是買單多於賣單，股價才能上漲。所以，一旦買賣造成股價變化，隔日就會在「券商進出表」上現形，我們也就可以追蹤它的買賣路線。進而知道誰介入這檔股票。這是筆者常常判斷籌碼落入誰家的工具，屢試不爽。

因為任何的主力或大戶（包括外資、投信、自營商、董（監）事、大股東），他們一定會有長期配合的券商。所以，一旦他們進出股票，那家券商的成交量一定很容易顯示出來。所以，只要長期觀察券商進出表，就可以得知是哪一個人在吃貨，或者倒貨，再配合三大法人進出表、董（監）事持股轉讓申請。就可八九不離十的抓出幕後老闆出來。

所以，會善用券商進出表的投資人總是比不用券商進出表的投資人，多一份了然於胸的穩定，而且會愈用愈精。善用券商進出表是計算籌碼的第一步驟，它可算是籌碼的落腳位置，至於更細節的部分，請參考下一章三大法人進出表。

例題 1：圖24-3博達券商進出表。博達於90－10－24當天外資在奔亞買超第一，可是整體結構還是賣壓大於買氣，於是我們再查查前十天的狀況，於圖24-4是近十天的券商進

博達 2398		買進 38.8賣出 38.9成交 38.8(-1.40)單量 69總量 11451					
90/10/24		博達當日進出排行(差額排序)					【1/3頁】
證 商	買進量	賣出量	差 額	證 商	買進量	賣出量	差 額
犇 亞	1601	75	1526	富 隆	253	2266	-2013
元 富	1200	545	655	群 益	674	2112	-1438
統 一	1194	769	425	交 銀	3	703	-700
萬 泰	360	6	354	台 証	748	1276	-528
元大京華	2424	2076	348	復 華	1155	1568	-413
寶 來	1566	1219	347	鼎 康	147	470	-323
永 昌	843	578	265	國 際	567	888	-321
亞 洲	357	94	263	三 重	28	327	-299
金 鼎	724	497	227	台 銀	1	200	-199
數位公誠	403	180	223	網 路	18	175	-157
菁 英	269	58	211	自營商	100	220	-120
大 華	579	369	210	北 城	49	164	-115
金 豐	211	8	203	富 順	75	188	-113
大府城	301	104	197	中 銀	3	105	-102
精 業	本畫面資料由本公司自行統計,僅供參考.					90/10/25 15:42:21	

圖 24-3

博達 2398		買進 38.8賣出 38.9成交 38.8(-1.40)單量 69總量 11451					
90/10/24		博達最近十日進出排行(差額排序)					【2/3頁】
證 商	買進量	賣出量	差 額	證 商	買進量	賣出量	差 額
所羅門美	8788	90	8698	群 益	5179	8939	-3760
港商荷銀	1950	0	1950	元大京華	11935	14354	-2419
美商美林	1835	0	1835	台 証	6603	8584	-1981
犇 亞	3220	1700	1520	交 銀	38	1470	-1432
港商里昂	1242	0	1242	大 眾	425	1464	-1039
元 富	6331	5471	860	福 勝	152	1074	-922
德信綜合	1797	1130	667	東方惠嘉	0	845	-845
太平洋	1617	1037	580	三 重	249	992	-743
大和國泰	697	118	579	日 盛	5083	5754	-671
大東綜合	1189	751	438	致 和	1974	2611	-637
永 利	957	584	373	國 票	1215	1838	-623
華 寶	348	0	348	國 際	4246	4792	-546
金 豐	473	175	298	建 弘	7470	8001	-531
大府城	2347	2075	272	中信局	109	576	-467
精 業	本畫面資料由本公司自行統計,僅供參考.					90/10/25 15:42:23	

圖 24-4

出表，在這個表中很明顯就可以看得出來，買超前五名的券
商都是外資的傑作，賣超只是普通的一般券商，而且買超數
量都遠遠大於賣超數量，可見外資已經在強力買進這檔生產
砷化鎵的股票。後來果真股價由10月份的30餘元，上漲至隔
年3月最高72元的價位。這就印證了券商進出表的好用。

例題 2：我們再來觀察主要生產DDR的南科，於圖24-5
可見該股由最低檔的7.9元，上漲至最高價55.5元，幅度高
達700％。我們來看看是哪些人在此獲利。

於圖24-6當中我們就可以看得出來，在南科低檔時，在
富邦證、瑞士信貸、台證買進的投資者獲利豐碩。而在圖24-7

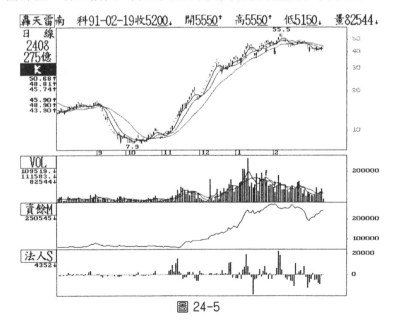

圖 24-5

南科　　　　　　個股券商進出排行表　　90-10-08至 90-11-02

	券商名稱	買張	賣張	差額	鎖定		券商名稱	買張	賣張	差額	鎖定
1	富邦	22341	18729	3612	0.22%	172	大　展	5985	9773	-3788	-0.24%
2	瑞士信貸	3510	0	3510	0.22%	171	大　華	3313	4886	-1573	-0.09%
3	台　証	11275	8296	2979	0.18%	170	元　鼎	865	2156	-1291	-0.08%
4	一　銀	1909	874	1035	0.06%	169	美商美林	1500	2495	-995	-0.06%
5	大東綜合	1542	531	1011	0.06%	168	吉　祥	3291	4207	-916	-0.05%
6	復　華	8300	7376	924	0.05%	167	中　興	944	1843	-899	-0.05%
7	康　和	4132	3303	829	0.05%	166	台　育	3094	3818	-724	-0.04%
8	元　富	8324	7544	780	0.04%	165	新竹商銀	1274	1931	-657	-0.04%
9	統　一	11263	10581	682	0.04%	164	數位公誠	1484	2054	-570	-0.03%
10	農　銀	1275	630	645	0.04%	163	自營商	350	913	-563	-0.03%
11	日　盛	15496	14959	537	0.03%	162	★　亞	996	1549	-553	-0.03%
12	鼎　康	1999	1672	327	0.02%	161	鼎　富	845	1380	-535	-0.03%
13	東　興	472	170	302	0.01%	160	元京總帳	22189	22631	-442	-0.02%
14	第一綜合	910	617	293	0.01%	159	金華信銀	4635	5059	-424	-0.02%
15	港商里昂	283	0	283	0.01%	158	寶　宏	106	529	-423	-0.02%
16	永　昌	6169	5897	272	0.01%	157	協　和	3376	3731	-355	-0.02%
17	菁　英	2378	2114	264	0.01%	156	中　信	4631	4974	-343	-0.02%
18	土　銀	835	585	250	0.01%	155	亞　洲	4516	4837	-321	-0.02%

股本275.00億.

圖 24-6

南科　　　　　　個股券商進出排行表　　90-10-08至91-02-19

	券商名稱	買張	賣張	差額	鎖定		券商名稱	買張	賣張	差額	鎖定
1	群　益	250819	228207	22612	1.43%	172	鼎　康	23524	66315	-42791	-2.71%
2	台　証	244638	229073	15565	0.98%	171	永　昌	151990	190507	-38517	-2.44%
3	中　信	187485	174138	13347	0.84%	170	大　眾	21843	53082	-31239	-1.98%
4	元　富	266194	254050	12144	0.77%	169	寶来	283052	312626	-29574	-1.87%
5	統　一	263690	252253	11437	0.72%	168	大府城	68453	97325	-28872	-1.83%
6	永　興	31680	21218	10462	0.66%	167	康　和	63449	80855	-17406	-1.10%
7	金　鼎	92165	83438	8727	0.55%	166	一　銀	19460	33416	-13956	-0.88%
8	大東綜合	67669	59105	8564	0.54%	165	大　展	35610	39972	-4362	-0.27%
9	中信局	19929	11380	8549	0.54%	164	德意志	0	4348	-4348	-0.27%
10	自營商	63956	55508	8448	0.53%	163	美商美林	5404	8325	-2921	-0.18%
11	日　盛	290214	281789	8425	0.53%	162	德　信	31976	34049	-2073	-0.13%
12	瑞士信貸	8752	1945	6807	0.43%	161	中　興	24433	26504	-2071	-0.13%
13	富邦	502189	495852	6337	0.40%	160	元　鼎	18160	20194	-2034	-0.12%
14	台　銀	9377	3382	5995	0.38%	159	永　全	12361	14250	-1889	-0.11%
15	元京總帳	463492	457601	5891	0.37%	158	吉　祥	54147	55668	-1521	-0.09%
16	聯　邦	26752	21228	5524	0.35%	157	怡　富	8877	10311	-1434	-0.09%
17	太平洋	45680	40189	5491	0.34%	156	國　際	82927	84144	-1217	-0.07%
18	華　寶	9556	4979	4577	0.29%	155	金　豪	7943	8973	-1030	-0.06%

股本275.00億.

圖 24-7

中我們可以看得出來，在主升段中這些券商並沒有賣出，反而是鼎康、永昌、大眾這些一般型的券商一路賣壓沉重，不過股價依然上漲，這表示一般散戶都沒賺到南科上漲的錢。

　　例題3：我們再來看，從事TFT-ICD上游的華映。

　　於圖24-8的圖形當中我們得知華映由最低的6.7元，上漲到最高46元，漲幅高達686％。其中圖24-9中我們看出，在該股末跌段時，自營商竟然是當時最大的賣家，也可以說是當時最大的輸家，可見三大法人不見得看得準走勢，這點筆者會在三大法人進出表一章解釋其原因。

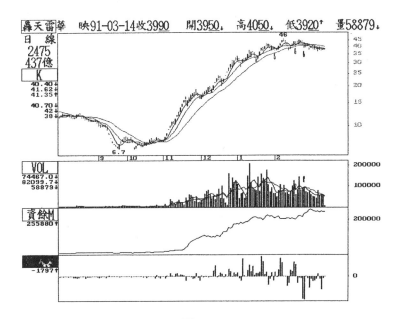

圖 24-8

華映				個股券商進出排行表			90-09-24至90-10-08			
券商名稱	買張	賣張	差額	鎖定	券商名稱	買張	賣張	差額	鎖定	
1 金 鼎	2164	729	1435	0.00%	172 自 營 商	1750	6855	-5105	0.00%
2 日 盛	3115	2180	935	0.00%	171 亞 洲	427	1548	-1121	0.00%
3 康 和	1391	536	855	0.00%	170 大 華	842	1677	-835	0.00%
4 建 弘	3277	2552	725	0.00%	169 鼎 康	247	819	-572	0.00%
5 中 信	1584	1045	539	0.00%	168 鼎 富	106	484	-378	0.00%
6 富邦	3340	2841	499	0.00%	167 元京總帳	3970	4213	-243	0.00%
7 復 華	1664	1177	487	0.00%	166 頭 份	12	225	-213	0.00%
8 群 益	1598	1215	383	0.00%	165 ★ 亞	0	152	-152	0.00%
9 吉 祥	489	128	361	0.00%	164 大 府 城	738	879	-141	0.00%
10 富 隆	536	187	349	0.00%	163 金 豪	150	283	-133	0.00%
11 一 銀	460	176	284	0.00%	162 太 祥	403	527	-124	0.00%
12 永 利	254	82	172	0.00%	161 聯 邦	72	176	-104	0.00%
13 新 百 王	171	0	171	0.00%	160 富 順	212	309	-97	0.00%
14 鴻 福	271	112	159	0.00%	159 永 興	44	137	-93	0.00%
15 永 昌	1058	912	146	0.00%	158 聯 合	0	77	-77	0.00%
16 國 際	489	346	143	0.00%	157 創 新	17	92	-75	0.00%
17 寶來	2174	2031	143	0.00%	156 工 銀	13	87	-74	0.00%
18 國票聯合	755	624	131	0.00%	155 新竹商銀	188	253	-65	0.00%

股本437.53億.

圖 24-9

於圖24-10當中我們就可以看得出來，外資與自營商急起直追，不過我們也在賣超欄發現外資也在賣超，可見並不是所有的外資看法都一致，還是有功力的高低。

最後我們再來看看，股價下跌時有哪些人當倒楣鬼。於圖24-11中我們也就知道，元大金華、復華這些傳統券商的散戶投資人都成了套房的住戶了，而在日盛證、大華證買進的國內大戶，成為這次華映上漲的最大贏家，讀者一定會奇怪沒有外資賣出的蹤影，筆者會一同在三大法人進出表中，告訴讀者三大法人他們的投資特性，到時候讀者就不會覺得外資沒有賣出是奇怪的事。

抓飆股之最佳利器

華映　　　　　　個股券商進出排行表　　90-10-08至91-02-28

	券商名稱	買張	賣張	差額	鎖定		券商名稱	買張	賣張	差額	鎖定
1	★　亞	32614	9142	23472	0.00%	172	大　　華	112448	169676	-57228	0.00%
2	台　　証	243274	221925	21349	0.00%	171	所羅門	1441	23571	-22130	0.00%
3	自　營　商	105290	87904	17386	0.00%	170	大和國泰	10304	26362	-16058	0.00%
4	太　　祥	49442	32363	17079	0.00%	169	復　　華	201894	211097	-9203	0.00%
5	元　　富	247584	230549	17035	0.00%	168	合　　庫	4858	13046	-8188	0.00%
6	群　　益	204398	190927	13471	0.00%	167	金　　鼎	66848	73845	-6997	0.00%
7	亞　　東	51137	42564	8573	0.00%	166	菁　　英	12717	19582	-6865	0.00%
8	大　府　城	60883	54844	6039	0.00%	165	眾	16273	22553	-6280	0.00%
9	聯　　邦	19894	14297	5597	0.00%	164	華　　寶	4231	10333	-6102	0.00%
10	永　　興	43009	38128	4881	0.00%	163	企　　銀	8697	14731	-6034	0.00%
11	美商美林	4338	316	4022	0.00%	162	寶來	190079	195728	-5649	0.00%
12	世　　華	7089	3160	3929	0.00%	161	統　　一	196409	202027	-5618	0.00%
13	港商荷銀	6694	2849	3845	0.00%	160	大　　慶	32840	38251	-5411	0.00%
14	工　　銀	24682	20950	3732	0.00%	159	怡　　富	7289	12241	-4952	0.00%
15	力　　世	7080	3681	3399	0.00%	158	高　　橋	36632	41078	-4446	0.00%
16	中　　銀	8974	5722	3252	0.00%	157	鴻　　福	15569	19973	-4404	0.00%
17	美商高盛	3294	294	3000	0.00%	156	協　　和	39742	43565	-3823	0.00%
18	農　　銀	9275	6526	2749	0.00%	155	土　　銀	14856	18545	-3689	0.00%

股本437.53億.

圖 24-10

華映　　　　　　個股券商進出排行表　　91-02-28至91-3-25

	券商名稱	買張	賣張	差額	鎖定		券商名稱	買張	賣張	差額	鎖定
1	元京總帳	111232	95269	15963	0.00%	172	日　　盛	54315	66095	-11780	0.00%
2	復　　華	42509	36310	6199	0.00%	171	大　　華	24104	33920	-9816	0.00%
3	寶來	52248	46577	5671	0.00%	170	中　　信	35340	41108	-5768	0.00%
4	永　　昌	32151	27430	4721	0.00%	169	大和國泰	240	5662	-5422	0.00%
5	富邦	86982	83424	3558	0.00%	168	大　府　城	9577	14794	-5217	0.00%
6	康　　和	17120	13968	3152	0.00%	167	自　營　商	21114	26087	-4973	0.00%
7	北　　城	11112	8955	2157	0.00%	166	怡　　富	796	4381	-3585	0.00%
8	國票聯合	16137	14101	2036	0.00%	165	亞　　東	9821	13176	-3355	0.00%
9	菁　　英	4654	2652	2002	0.00%	164	建　　弘	40901	43985	-3084	0.00%
10	台　　育	10662	8730	1932	0.00%	163	世　　華	833	3856	-3023	0.00%
11	群　　益	44147	42435	1712	0.00%	162	中信銀	5095	7586	-2491	0.00%
12	三　　陽	7983	6392	1591	0.00%	161	和通	2747	5021	-2274	0.00%
13	統　　一	47078	45495	1583	0.00%	160	合　　庫	1113	3259	-2146	0.00%
14	倍　　利	6010	4556	1454	0.00%	159	力　　世	369	2384	-2015	0.00%
15	大　　慶	10202	8814	1388	0.00%	158	中　　銀	2185	3952	-1767	0.00%
16	新竹商銀	4488	3237	1251	0.00%	157	台　　証	60871	62600	-1729	0.00%
17	新　　寶	6018	4859	1159	0.00%	156	永　　興	7799	9466	-1667	0.00%
18	大　　眾	4476	3410	1066	0.00%	155	所羅門	50	1287	-1237	0.00%

股本437.53億

圖 24-11

*25.*三大法人進出明細

　　國內自從民國八十年起，電子股獨領風騷，電子族群增加快速，股價一路飆升，股本不斷擴充。

　　傳統產業日益減少，股價紛紛倒地，以前著墨於傳統產業的主力，也因此嚴重套牢，或者受傷出場。可以說是自民國八十年起，股市的主力就已經有移轉現象，從一開始的本土金主，轉變為投資電子股的投資新秀。

　　取而代之的是一批新人，他們是挾著研究基本面精神的三大法人，外資、投信、自營商。近兩年來由於政府的開放政策，外資漸漸佔了其中70%的影響力，可說是三者其中的龍頭老大。他們的特點是注重產業基本面，擅長參觀工廠、研究財務報表，其投資策略是注重本益比，喜歡一窩蜂投資，而且資金來源充裕，使用的資金大部分是從一般投資人募集而來的。這樣的新投資手法，的確讓台灣股市呈現另外一種風貌，由於他們主要以研究產業面佳的電子股為主，也主要投入資金在電子股，才讓電子股在股市裡蓬勃發展。

　　筆者在前提也說過，投資沒有什麼是對不對、好不好，只要在市場上能漲的、大家能認同會漲的就是好股票。所以，當這一波三大法人主力的時代來臨時，我們就必須時時刻刻注意三大法人的動向，尊重他們的「不是他們的專業，而

是他們的龐大資金」。因為筆者在前面觀念篇就說過，股票
市場就是錢的市場。

所以，我們計算籌碼一定要注重三大法人的進出狀況，
尤其他們都是屬於大金額的機構，往往可影響整個走勢的變
化。正因為他們是大機構、大資金，所以，他們買股票、賣
股票通常都沒辦法在一天、二天之內完成，必須要佈局相當
的時日。而當他們在佈局的時間內，交易所每天公佈的三大
法人進出明細表，就提供了我們很好的參考資料。

三大法人進出明細表一般會有（圖25-1）

集中市場三大法人進出金額 7月5日

單位：億元

法人名 項目	買進金額	賣出金額	買(賣)超
外資機構	96.95	87.98	28.98
投信機構	53.93	36.02	17.91
自營商	23.71	16.00	7.71

外資買超前十名 7月5日

單位：張

排行	股票	買進	持股	持股率%
1	茂 德	6,424	21,563	1.02
2	力 晶	3,485	64,824	2.78
3	元京證	1,198	268,435	12.14
4	亞洲光	1,000	6,179	1.84
5	聯 詠	367	22,155	9.42
6	智 原	323	22,197	25.66
7	大 霸	-310	12,554	2.25
8	金麗科	310	529	0.07
9	億 宏	200	1,679	2.06
10	遠 見	119	3,250	4.92

資料來源：櫃檯買賣中心

投信買超前十名 7月5日

單位：張

排行	股票	買進	賣出	買超
1	力 晶	19,866	0	19,866
2	彩 晶	7,486	469	7,017
3	茂 德	3,606	0	3,606
4	欣 興	868	0	868
5	東貝證	800	0	800
6	奇普仕	749	60	689
7	旺 翔	590	0	590
8	世 紀	400	0	400
9	佳 營	374	0	374
10	唯 智	329	0	329

資料來源：櫃檯買賣中心

自營商買超前十名 7月5日

單位：張

排行	股票	買進	賣出	買超
1	力 晶	2,760	1,675	1,085
2	世 界	790	40	750
3	茂 德	720	130	590
4	建 碁	219	0	219
5	永 彰	210	0	210
6	穩 懋	255	85	170
7	矼 新	125	0	125
8	科 橋	206	84	122
9	新 晶	100	0	100
10	東 友	80	0	80

資料來源：櫃檯買賣中心

店頭市場三大法人進出金額 7月5日

單位：仟元

法人名 項目	買進金額	賣出金額	買(賣)超
外資機構	536,318	176,673	359,645
投信機構	1,099,873	588,718	511,155
自營商	227,375	187,363	40,011

外資賣超前十名 7月5日

單位：張

排行	股票	賣出	持股	持股率%
1	協 益	707	4,508	5.39
2	台積電	339	56,110	5.53
3	台灣大	333	171,367	4.66
4	揚 邦	156	3,269	2.33
5	晶 磊	98	3,098	6.52
6	建 碁	85	9,454	2.90
7	合 勤	38	41	0.00
8	大 騰	36	1	0.00
9	中精機	30	0	0.00
10	建 國	10	1070	1.56

資料來源：櫃檯買賣中心

投信賣超前十名 7月5日

單位：張

排行	股票	買進	賣出	賣超
1	漢 磊	500	3,805	3,305
2	台灣大	150	2,612	2,462
3	遠 傳	0	885	885
4	中光電	450	1,300	850
5	瑞 智	0	784	784
6	智 原	10	595	585
7	康 普	280	836	556
8	建 榮	0	475	475
9	十 美	0	420	420
10	九 德	0	399	399

資料來源：櫃檯買賣中心

自營商賣超前十名 7月5日

單位：張

排行	股票	買進	賣出	賣超
1	彩 晶	2,000	2,496	496
2	經 構	0	240	240
3	奇普仕	0	235	235
4	照 健	0	220	220
5	加 興	0	140	140
6	世 紀	0	126	126
7	天 揚	0	100	100
8	台 晶	70	166	96
9	聯 紡	0	89	89
10	好樂迪	0	78	78

資料來源：櫃檯買賣中心

圖 25-1

①分為投信、自營商、外資三類。

②個股。

③買超、賣超數量。

④數量。

⑤排行。

⑥買超、賣超金額。

這六種項目，普通的報紙每天都會刊登，屬於最普遍的一種資訊，可是許多投資人卻得不到它們的奧秘，也不會使用。原因在於不知道三大法人實際的內部結構。

在前一章當中我們經由實例知道，三大法人似乎對產業復甦敏感，但是，對於股價下滑似乎不甚了解。這乃由於三大法人注重基本面，擅長研究財報，注重本益比，喜歡跟風投資，所以，反映到他們的內部組合勢必會把重心放在研究部門，而且再加上由於他們沒有順勢操作觀念，喜歡預測走勢，自以為無所不能，所以，一般實際操盤買賣的人，都是只有操盤小組的幾位而已。他們把大部分的人力用在研究產業基本面上，而實際操控交易者卻是幾個關鍵人在決定，也沒有相當的籌碼計算，完全信任本益比的合理性，正因為如此結構，使得基金組合比例完全由公司獲利能力分配。

所以，他們買賣股票的手法，「賣出」就不如「買進」來得紮實，因為他們真的不知道何時該賣股票。

為什麼呢？

他們有以下的操作特性：

第一，錢不是自己的，花起來比較不會心疼。

第二，機構資金龐大，處理股票時往往無法靈活，買進無法一天買完，持股賣出也沒辦法在短期出脫。尤其股價在高檔下跌時，由於部位龐大形同主力，要把手中的股票賣給誰？一是認賠沿路殺出持股，二是任由手中股票套牢，這樣一套就被套牢一缸子嘍。

第三，買進有嚴格選擇，產業研究人員比例高。所以，選股有一定的市場認同。但相對的，賣出人員結構卻鬆散，往往只集中在幾個人的手上，又無順勢觀念，所以，常常胡賣一通。

第四，三分之一投信的生態，一般而言台灣投信公司，有所謂的三分之一生態，就是說一年當中，全部操盤人都會作一評比，前面三分之一的操盤人有紅利可拿，中間三分之一的操盤人只領薪水留校察看，後面三分之一的操盤人就必須捲舖蓋走人。這樣的生態，於是造就了操盤人只有淨值觀念，沒有成本觀念，只要他們在四季末了時，贏得了其他對手就可以了，於是常常於季終、年終不計成本的大拉自家股票，而大砍對手股票，這時候哪裡會管得了投資大眾的血汗錢，自己的位置能保最要緊，於是常看到作帳行情結束，股

價又開始重摔下來。

　　第五，沒有順勢觀念，喜歡預測走勢，卻又停損太慢，股票下來仍會加碼買進，直到大勢已去時，還會停損持股。

　　第六，賣出不如買進，由於他們會研究，可惜沒有一套賣出的標準，再加上證管會規定基金持股必須70%以上，所以，常常有賣出賠錢不如套牢的心態。而且他們只有淨值觀念，沒有成本觀念，只要行情再來時，資金自然會湧進來，到時淨值又增加了，也表示自己管理能力又提升了。

　　其中外資就是外國的投信，所以，手法與國內投信並無二樣，三者之中較為有趣的是自營商，因為自營商的資金往往是證券商自己的，純以營利為目的，而各家的自營商操盤手背景不同，責任也不同，甚至許多是幕後老闆親自操刀。往往也會有過去主力的色彩，喜歡與他人掛勾炒股票，或者替自家相關企業護股票。所以，自營商只算是大散戶而已，沾上法人的邊，卻無法人的特質。

　　所以，我們利用三大法人進出明細表時，要先注意到他們的操盤特性，然後就可以利用它們的優點，避過他們的缺點。

做　法

　　筆者建議的做法是，注意他們剛剛買超的個股，而不是

買超已經前五名，甚至前十名的個股，賣超部分則無須要管它。注意剛買超的個股，然後配合後面要講的籌碼線，用籌碼線鎖定個股是否會飆升。這樣一來，就能掌握剛要起漲的個股了。

原　因

不注意買超大量的個股，乃在於那些已經是正要飆升的股票，也有可能是他們已經買超許久，尾大不掉的個股，只好自己撐盤，無論是什麼原因，買超前十名的個股幾乎都是屬於上漲有限，下跌風險大的個股。

和券商進出表一樣的是，三大法人進出明細表也是天天觀察，天天記錄的。要注意的是，那些他們剛剛買超的股票，往往只是在初生段而已。

但是，剛賣超的股票，往往卻是股價已經跌了一大段的股票。這就是筆者所謂的「賣出不如買進」。

26. 集保與融資

集保與融資，乃是兩種不同儲存股票的模式，藉由不同的儲存股票模式，我們也可以找出股票落點的脈絡。

集保：股票是收藏在台灣唯一一家的證券集保公司。

融資：股票當作抵押品儲存在投資人向該家融資貸款的

金融機構，有時候是自辦融資（券）券商的手裡，有時候是台灣的證經公司（復華、富邦、環華、安泰等四家），因為股票是契約設定的第一抵押品。

所以，比較一檔股票的集保與融資餘額的增減，乃是在比較這檔股票的持有人內涵的增減，也就是比較「大戶」與「散戶」的增減，股票在大戶手裡穩定性較高，在散戶手裡穩定性較差。

可是若想要比較「散戶」與「大戶」的持股消長，只拿集保和融資這兩個項目來判定的話，理由有些過於單薄，應該把計算的範圍推展到全部的持有人。

而股票全部持有人包含：

①外資（荷商、日商、美商、中資等）。

②投信機構。

③自營商。

④股票自行交割者。

⑤集保。

⑥散戶（融資）。

這六種型態。

其中①～⑤項都是屬於大戶、中實戶級的戶頭，我們也可以說一檔股票交易之後的落點，它若是在①～⑤項數目的增加，就表示股票是落在長期經營股價人的手裡，股價相對比較容易穩定。

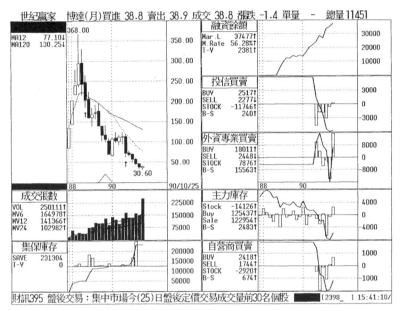

圖 26-1

　　若落在第⑥項人的手裡，那就表示籌碼結構鬆動，股價遇到風吹草動，容易下跌。因為持有人的資本不雄厚，屬於短期借貸的資金，尤其遇到股價下跌，更是容易變成恐慌性的殺盤。如圖26-1博達股價在下跌，融資餘額卻居高不下。

　　股價的上漲走勢中，以籌碼佈局的先後，可簡單分為三個段落：

①初集中段時：

　　只有「股票自行交割者」或「集保者」由於有特殊的背景，知道股價將要回春，於是開始佈局買進。由於資金並不

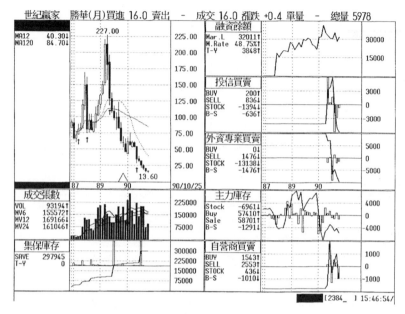

圖 26-2

是主流，有時候股價只是盤整，甚至還在繼續盤跌。股票自
行交割者、集保者會趁這時候慢慢買進持股。如圖26-2勝華
集保庫存於股價下降時，仍在大筆吃貨。

②**主集中段：**

包含1～3項的三大法人以及部分第五項集保庫存者、少
部分融資買進者，開始感覺到景氣的回籠，於是藉由基本面
的研究報告，開始樂觀買進股票，也由於他們的資金在市場
上是屬於最為充沛的，往往股價在這時候被他們相互的拉抬
，可以提升數倍之多，一個投資議題可以來回炒作，彼此相
互做球給對方，股價到這時候才大幅上揚。如圖26-3彩晶，

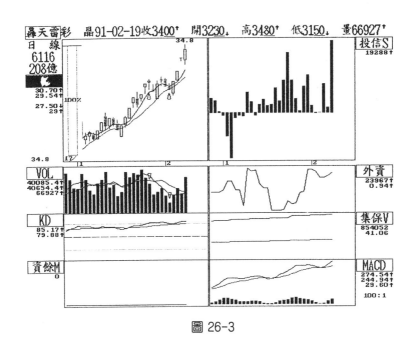

圖 26-3

投信、外資、集保通通持股買進，股價果然一路長紅。

③末集中段：

往往到了末集中段時，前面1～6項的持股才會全面齊揚，尤其是第6項融資買進者增加最為快速，股價至此，往往都是屬於最後的漲勢型態，這時候不但價量齊揚，甚至單純看籌碼也會發現，籌碼不斷的往這六項之內集中。

由44頁圖中一目了然知道，其中的變化。如圖26-4環電股價在28.9元最高檔時，融資餘額、外資、集保、投信竟然都是在最高水位。

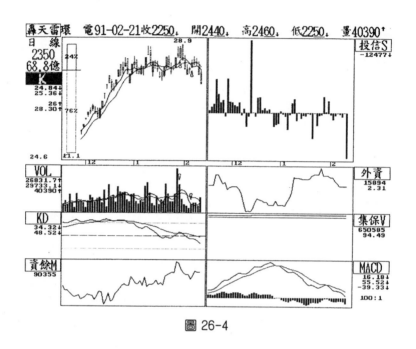

圖 26-4

　　再來我們探索下跌時的籌碼分布狀況，下跌時在籌碼佈局中也可分為三個段落。

①初潰散段：

　　籌碼分布的初潰散段在股價上的反應，一般是和末集中段相互糾結，可是在籌碼分布中卻是一目了然，這時候股價可能還繼續上漲，但是，我們會發現股票自行交割者的持股開始減少，最後股價已經無法再支撐住，於是開始下跌，這時候股票自行交割者的持股減少更加迅速。而在這時期，第6項融資買進者可能還在不斷創新高持股，因為對他們而言

，看到心儀的股票，可以用比原先更低的價錢購買，是一件值得去做的事情。等於股票自行交割者的持股都給第六項融資買進者吸收去了。我們看圖26-5威盛在365元的時候，融資餘額、投信、外資、自營商都是最高水位，可是主力庫存（類似自行交割者）卻已經開始下降。

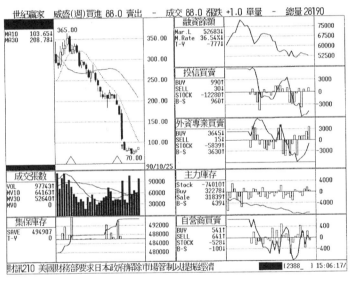

圖 26-5

②主潰散段：

這時候股價開始下跌，投資已經虧損，也沒人願意繼續加碼買股票，於是買氣潰散，籌碼也四處潰散，於是所有的人，開始紛紛拋售持股，這時候的籌碼是潰散的。不過散戶在這時候，卻是最慢反應，最不願拋售持股，或者於初潰散

段賣掉的融資者，這時候還會再承接回自己賣掉的持股。我們看圖26-5威盛就可以知道，在主跌段時籌碼已經四處潰散。

③末潰散段：

到了末潰散段，股價更是大幅下跌，散戶終於警覺到股價不會回來，這時若發生連續性的大跌，將會使得融資維持率追繳，繳不出錢的投資人，持股將會被證經公司處分，以市價在市場上殺出。這時候，資本雄厚的集保投資者與股票自行交割者會嘗試性的買進一些股票。由圖26-5威盛我們就可以知道，集保者在70元時持有水位已經大於365元時了。

股市於是就在這樣的循環當中來回震盪，有時候一個循環三、四個月便完成，有時候卻要長達三年以上。不過一般而言台灣股市通常都是大約一年一個循環。所以，只要掌握住循環的開始，投資人不怕賺不到錢。圖26-6、26-7把上升、下降兩階段的籌碼持股表示出來。

從以上的籌碼分布循環看來，似乎股票自行交割者的獲利最多，那我們依舊如同追蹤三大法人的精神一般來追蹤股票自行交割者的變化。

由於他們股票並不儲存在集保公司和證經公司，那外資、投信、自營商也都屬於此，但是三大法人們的買賣數量，當天都會公佈在台灣期貨證券交易所，仍然查得出數量，所以，不屬於真正的股票自行交割者。

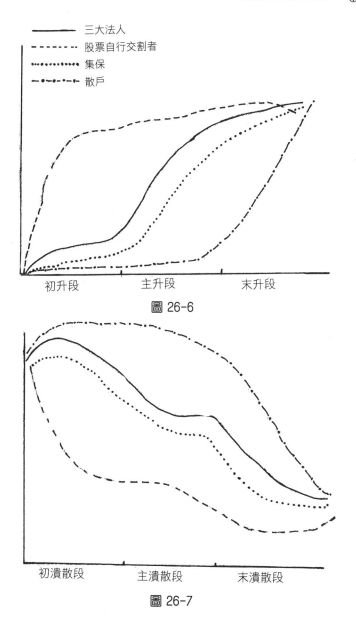

圖 26-6

圖 26-7

除此之外，就屬於特定人士的買賣了，也就是我們最關心的特定人士。這些人士包括：

①董（監）事

②大股東

③主力

④大戶

這些人士，有些必須隱藏他們的持股，有些自己持股有其他用途（例如：向銀行抵押借款……等），所以，常常使用股票自行交割，把股票領回去。目的並不一定是要隱藏持股，但是卻達到隱藏持股的目的，無論如何，這些人會買股票，一定有其正面意義。

如何觀察

用扣減法，有時候一檔股票成交量異常大。但是，卻不見三大法人買賣超，也沒有在集保和融資餘額上顯示出來。但是，股票不會平白消失，怎麼轉一定都會在上述的六大項中。所以，這時候我們就要用扣減法，扣除三大法人、集保和融資的進出數量，然後再調查當天的券商進出表，這樣一來，就可以找出一點線索出來，知道當天在哪家券商進出。

前文我們不是說過，注意董（監）事賣出股票時候要注意往後十天的券商進出表嗎！這時候就派上用場了，一旦證實是當初賣股票的那家券商，就表示有董（監）事級的人物

在進貨，這時候我們就只有一個字可說，那就是BINGO，中獎了，不妨跟跟看。

結構型態

所以，外行人只看集保與融資的增減，算籌碼人卻要會看這六項的增減，融資與集保這兩項的增減反而是比較次要。

股票要上漲，往往都是第四項股票自行交割者先增加，然後再看類股的類型，有些會先增加外資籌碼，有些會增加投信，或者集保籌碼。

①大型電子股外資、投信會先增加。

②小型電子股、傳統產業股集保會先增加。

③銀行股投信、集保會先增加。

但是共同特色就是第六項融資（散戶）最後才增加。

有沒有例外

有，以前市場是主力時代，有些主力喜歡透過融資鎖住籌碼，不讓一般投資人使用籌碼，他們用人頭戶把融資餘額吸收光，然後再拉抬股價，迫使想跟隨的投資人用集保全額買入。一來他自己可以節省金錢成本，二來又可以造成後面股價的集保庫存增加，好像結構完整，三來使後面進來投資的人都是較穩定的投資人。這三點會讓股價更穩定上漲。

但是，由於現在屬於高資本額以及交易透明的制度，這

種一手遮天的手法，已經漸漸不見了。但在一些傳統產業股身上，仍然可見其影子。一般我對這種股票的建議就是，如孫子兵法云：「逢林莫入」。

27.大股東持股探索

春江水暖鴨先知

第一個問題：股票要漲誰會先知道？

答案是：沒有人會知道。不要以為股市就有內幕，會有人先知道股票要漲，股市也不可能有「幕後黑手」存在，一切都是金錢的交易。

第二個問題：公司的業績將轉好誰會先知道？

答案是：大股東、董監事、內部員工及合作廠商會先知道。

所以，結合以上兩個問題以及它們的答案，我們可以知道大股東、董（監）事也無法知道股價哪時候會上漲。

不過，恰巧股價上漲的原因，正常原因來說，以「公司獲利增加」這個因素為最大，因為投資人喜歡投資賺錢的公司。所以，當大股東、董（監）事認為自家公司營運不錯的時候，他們也都會與投資人一樣，加碼買進自家股票，因為自家公司自己最了解。此時股票籌碼若已經歷過潰散而進入

到末跌段時，股價很容易再上漲。

董事也住小套房

　　但是，認為大股東一買股票，股價就會被炒起來的觀念是不對的。大股東買股票常常在股價的末跌段，他們也會小套，或者買在股價啟動階段罷了。也就是，當大股東、董監事在買回自家股票的時候，往往是公司營運開始轉好之時，可是股價未必就轉好。所以，他們能買到價廉物美的股票。這也就是為什麼董（監）事往往是兩頭賺的原因。公司營運賺一筆錢，股價又賺一筆錢，開公司當董監事，真是一件方便賺錢的事情。難怪上市（櫃）公司至今已經超過一千家，原來這是賺錢的門道。

　　所以，當大股東、董（監）事在買股票的時候，也就是他們在吸收籌碼的時候，這才是我們卡位的最好時機，因為此時股票物美價廉。可是問題來了！大股東並不需要像三大法人一樣，天天公佈進出明細，最多也只在賣出股票的時候申報一下罷了。

　　但是，聰明的我們如同偵探福爾摩斯一般，仍然可以透過這樣的線索，得知大股東的進出狀況。

　　線索就在下列兩者身上：

　　①股東申報轉上書。

　　②券商進出表。

偵探方法

　　當大股東、董（監）事在申報轉讓股票的時候，證管會規定10天之內，要處理完畢。我們假設他們會完全守法，於10天內會找機會賣出股票，有時候是天天賣一樣的數目，有時候是一、二天就賣掉了。但是無論如何，一定會在券商進出表上顯示出來，這就是我們的線索了。我們要做的事，就是利用電腦的統計能力，把十天的券商進出表統計列印下來（如圖27-1）。把賣出數量符合申報數量的券商（有時候

| 威盛 2388 | 買進 88.0賣出 | － 成交 88.0(1.00)單量 229總量 28190 |

| 90/10/24 | 威盛最近十日進出排行(差額排序) | [2/ 3 頁] |

證　商	買進量	賣出量	差　額	證　商	買進量	賣出量	差　額
美商美林	5647	350	5297	日　盛	6794	8620	-1826
中　信	6286	4775	1511	永　昌	4579	5990	-1411
元　富	7843	6644	1199	元大京華	12913	14173	-1260
台　証	5595	4527	1068	寶　來	5907	6874	-967
富邦綜合	13753	13202	551	元　鼎	4281	5100	-819
大和國泰	716	260	456	金華信銀	2124	2804	-680
菁　英	936	527	409	大府城	1668	2228	-560
富　星	1744	1491	253	大　華	2646	3120	-474
太　祥	1308	1068	240	國　票	1688	1993	-305
華　銀	399	172	227	利　臺	177	480	-303
交　銀	496	278	218	國　際	2086	2387	-301
華　碩	3238	3022	216	自營商	1122	1420	-298
所羅門美	225	40	185	聯　合	99	346	-247
新寶綜合	1047	872	175	大信綜合	1354	1597	-243

| 精業 | 本畫面資料由本公司自行統計,僅供參考. | 90/10/25 15:08:32 |

圖 27-1

是一家，有時候是好幾家）記起來。

　　根據筆者在券商當過多年經理人的經驗，得知大股東大部分都會有長期配合的券商或營業員（如圖27-2一般董事都在國內券商進出）。所以，當時間過了一年半載之後，他們想再買回自家股票的時候，90％也會在同一家券商進出，於是我們長期追蹤的效果出現了，我們不是已經記得大股東在哪家券商賣出了嗎！當他們開始買進的時候，一定會在當初配合的券商進出，我們於是就抓住了他們的小辮子，可是他

| 勝華 | 2384 | 買進 16.00 | 賣出 | － | 成交 16.00(0.40 |)單量 | 44總量 | 5978 |

90/10/24　　　　　勝華最近十日進出排行(差額排序)　　　　　〔2/3頁〕

證　商	買進量	賣出量	差　額	證　商	買進量	賣出量	差　額
統　一	2986	2452	534	建　弘	2603	3924	-1321
土　銀	552	31	521	自營商	650	1200	-550
日　盛	2169	1707	462	金　鼎	696	1218	-522
元大京華	6221	5802	419	大府城	1012	1439	-427
中　信	2498	2113	385	台　証	2407	2726	-319
太　祥	916	565	351	日　陞	60	325	-265
交　銀	320	6	314	復　華	3323	3549	-226
富邦綜合	3619	3339	280	元　鼎	291	516	-225
金　豪	292	72	220	永　昌	1294	1476	-182
國　際	1384	1188	196	長　鴻	166	341	-175
光　和	423	247	176	大信綜合	693	866	-173
萬　泰	478	367	111	新寶綜合	330	470	-140
彰　銀	121	13	108	第一綜合	134	271	-137
豐　興	346	245	101	富　鴻	3	102	-99

| 精業 | 本畫面資料由本公司自行統計,僅供參考. | ■■ 90/10/25 15:47:57 |

圖 27-2

們完全不知道我們的存在。這時就是股價反轉的最好契機，這時候配合上筆者獨創的「籌碼線」分析，等於買了雙重保險，只要做對一次，就可以把自己賺個飽。

如何檢驗？

我們要如何檢驗大股東是否真的買回自家股票了呢？還是有其他辦法的！每個月五日之前，大股東都要申報持股明細給證管會。證管會在每月10日之前就會公佈大股東的持股比率，投資人可以在交易所網站所發布的資訊得知。OK！這樣一來我們就輕而易舉的抓出大股東是否真的買回自家股票。不過這樣時間是晚了一點，只能當確認用。

要第一時間抓住買進契機，必須依賴「券商進出表」和「籌碼線」的交互運用。

28.價量消長的四大循環

前面把籌碼的「落點」都說清楚了，再來我們要更細分籌碼裡面的變化，這時就會把我們導引到持股裡的質量變化，也就是價量關係。價量關係就如同人的骨肉皮膚一般，絕對不可能單獨考慮，可惜現在的技術分析，都只注重價的組合，對於價與量結合的研究，還有很大的空間可以發展，而且也勢必是未來的趨勢。

在以「籌碼」為分析對象的研究裡，筆者發現光是知道籌碼落點是沒有任何價值的。因為以前會買的人並不代表以後他也會再買，這是一般股市分析師對籌碼分析的見解，對於這一點筆者也是困擾許久，記得筆者前一本書中有一章名為「難道沒有其他辦法嗎？」。筆者秉持著「難道沒有其他辦法」的精神，繼續研究下去，終於在嘗試過各種可能之後，筆者把籌碼研究導向到價量關係裡。皇天不負苦心人，終於讓我一窺股市真正的組合。原來把籌碼研究導向價量關係窺得股市上漲真正的因素，那就是「買氣」。至於如何組合，會在「籌碼線」裡精心說明。

我們先要知道股市就是價與量的關係，拋開量則價毫無「意義」，拋開價則量毫無「價值」，所以要真正了解股市，我們必先談談價量在股市裡實際的變化。在價量變化裡有四大循環（如圖28-1），我們必須先了解，才能對於股市的走法有心正確的認定，四大循環就是：

①價隨量大而漲（價格隨著成交量增加而上漲）。

②量隨價漲而大（成交量因為價格上漲帶動買氣而增加）。

③價順量縮而跌（價格隨著買氣消失成交量減少而下跌）。

④量順價跌而縮（最後成交量因為價格下滑，買氣潰散而縮小）。

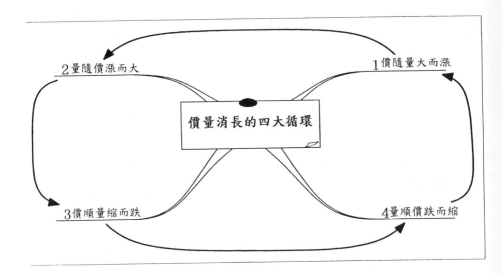

圖 28-1

　　這告訴我們，價量關係會隨著行情的起落，在相互影響著，有時候是量在主導價格（例如：漲跌停時，還有許多未成交量在鎖單），有時候卻是價在主導成交量（例如1：股價大跌吸引中長期的買方進場。例如2：股價高檔時，獲利了結賣壓出籠）。

　　若把它們區分為多頭市場與空頭市場，則可以區分為：

　①價隨量大而漲—多頭初期

　②量隨價漲而大—多頭後期

　③價順量縮而跌—空頭初期

　④量順價跌而縮—空頭後期

　　依照以上的價量的關係，我們也很清楚的知道，多頭與空頭它們初期與後期的價量組合，讀者便可自行對照現在股票走勢，知道現在的位置在哪裡，便可以順勢操作。至於順勢的方法，在四個區間則是：

　　①價隨量大而漲—勇於買進、持股抱牢。

　　②量隨價漲而大—持股續抱、戒慎恐懼。

　　③價順量縮而跌—勇於賣出、毫不留念。

　　④量順價跌而縮—絕不進場、等待下一波。

　　綜合以上的價量循環再配合上市場的多空組合，最後加上我們的順勢操作精神，我們就可以導出多空四個時期它的判別方法以及當時該如何做法，以下是一系列的作法：

　　①多頭初期—價隨量大而漲（價格隨著成交量增加而上漲）—勇於買進、持股抱牢。

　　②多頭後期—量隨價漲而大（成交量因為價格上漲帶動買氣而增加）—持股續抱、戒慎恐懼。

　　③空頭初期—價順量縮而跌（價格隨著買氣消失成交量減少而下跌）—勇於賣出、毫不留念。

　　④空頭後期—量順價跌而縮（最後成交量因為價格下滑，買氣潰散而縮小）—絕不進場、等待下一波。

　　這四個時期剛好完成整個多空的循環，我們了解之後，就等於了解整個股市的生態，再來我們就可以真正的往下探討價量關係之間的細微變化。

*29.*成交量

　　成交量比起成交價來，更能反應出「買氣」的高低，成交量大就表示買賣交易大，股價易創新高，卻不代表現有股票持有者能以此價賣掉，這叫做看得到，未必吃得到。暫且不管它是高價暴量收長黑，還是底部放量收長紅，大量的先決條件必須要有「買方」才能成立。所以，不管如何，只要是爆量出來，當時「買氣」就還在。

股本為重

　　但是，對於如何界定是否大量，就沒有一個客觀的審核標準，一般投資人由於股市輪動相當快速，不能認清到底個股是不是大量，只好憑個人經驗，或把個股和其他類股相互比較，都不是客觀的看法。為了有個較客觀的看法，我們應該先認清股本與大量的關係，而股本的內容包含：

　　①股本金額大小　　　　②股本持股者結構

　　以這兩者來求算成交量是否過大，才能算是一個比較客觀的方式。例如：10億元股本的公司，一日成交五千張就算是該股的大量，而台積電一日成交若低於五萬張，可能就是它的窒息量了。也有些小股本的公司，市場上卻常常交易頻繁，有些大股本的公司，交易量卻落得稀稀疏疏，這是因為

第二項的持股者結構不同，可能是持股者喜歡炒作股票之故。

「股本」與「均量」

我們再來了解「股本」與「均量」，它們對於成交量的意義：

①**股本**：在一檔個股裡面，「股本」與「成交量」的關係是屬於限制作用，也因此股本不會立即影響到一天的成交量，所以是屬於測試長線買氣的指標。

②**均量**：「均量」與「成交量」關係，由於移動平均量有當下平均值之意思，所以比起股本而言，就有測試短線買氣的意味。

價格會騙人

筆者在之前說過「價會騙人，量不會騙人」，只要時機洽當，資金充裕，都可以作出虛的價位出來。尤其是主力、外資法人、投信最愛在開盤價、尾盤價，收盤價時作價，當牽扯到指數期貨的結算日時，外資更喜歡把台灣股市當作是它們的遊樂場，要指數跌就大砍摩台指成分股，要漲就大肆買進成分股，任由它們高興。所以，股價會騙人。

但是，成交量就騙不了人了，這需要真槍實彈的金錢當後盾，沒有錢也就沒辦法在股市裡興風作浪，有錢想興風作浪，股價也能漲翻天，不過筆者也不會去反對。反正筆者是

順勢操作,如果對方有本事操控,我就有本事找到他,我們發展的本事就是當個好的「籌碼跟蹤者」。

好處在於我能緊跟著籌碼出現而獲利,失敗的風險卻由對方負擔。所以,只要有成交量,籌碼勢必就會出現,籌碼出現籌碼線就能抓出來,當籌碼排列漂亮時,當然也是最佳介入點。

界定買氣

在成交量裡,股本與均量是衡量買氣的指標,但是由於兩者無法馬上界定量的大小,所以我們要引用另一項更有用的指標,那就是「週轉率」。「週轉率」等於是把股本與均量兩項的功能都具備了,不過我們還是得繼續利用均量,於是兩者的用法就如下列例子:

第一週轉率:例如,2330台積電與2331精英在91年的時候,兩家股本相差1655億,台積電是1683.2億,而精英確只有28億。雖然兩者代號相差一號,它們的成交量卻不可能用樣水準看待。

所以,應該使用個股週轉率,筆者經驗法則告訴我們,成交量在週轉率維持上升到1.5～3%時是最好的買氣進場時機,而當週轉率到3～7%時是股價主要上漲區,週轉率超過10%就要相對小心應付,而當週轉率又低於3%則買氣就已經潰散,一見不對就準備要先跑了。

第二均量：一般而言我慣用一週（五日）與二週（十日）的均量來比較當日的成交量。股價在上漲時，日成交量除非已經鎖單完畢，否則理論上應該超過一週與二週的均量，或者在兩者之間遊走，一旦低於二週量，代表買氣低迷，應該先行退出。

例子：2331精英自90年1月起從38元開始上漲，到91年1月時，就已經上漲到242元，其中沒有一天的量是低於二週均量。而自91年2月量能開始不足之後，成交量都在10日均量之下，91年6月股價就已經回跌到140元附近。

以上「週轉率」與「均量」兩者，才是筆者建議投資人觀察量能時要注意的地方，尤其是週轉率，一般的分析師都只把週轉率放大當作是警戒而已，卻沒有人對它有正面的評價，筆者似乎是第一個倡導注重週轉率的人，讀者應能體會到筆者的用心，不要輕忽「週轉率」與「均量」在股價表現上的重要性。

30. 週轉率

週轉率如同一輛車子的引擎係數，太低車子發動不了，太高車子容易失控，最好的狀況，就是維持在一定的水準，從經驗法則來說3～7%是正能表現股價活潑的比率。當日週轉率超過1.5%以下以及10%以上，股價容易失控。

週轉率的準則為

①週轉率由低轉高：代表買氣進場，此時可畫出該股籌碼線，逢機介入。

②週轉率過高：週轉率超過10％以上時，應該隨時注意，要有出脫股票的心理準備。

③週轉率由高轉低：代表買氣退潮，絕對應該先把持股降低。

④週轉率忽高忽低：盤整格局，要看忽高時，是買單多還是賣單多來決定，這時候一定要自行畫出籌碼線判斷買氣是持續加溫，還是退場。

週轉率的定義：

週轉率＝當日成交張數／股本張數。

週轉率的例子：

【例子 1】5328華容電子於91年4月12日成交9537張，請問該股價票能否投資？

【答案】5328華容電子股本15.6億，故流通股票是15600000張，週轉率3％等於4680而當天成交量9537張，當時週轉率是6.11％故屬於是較佳走勢，果真，當天華容電子股價平盤20.6元收盤以漲停22元作收。

【例子 2】2443利碟於91年4月10日成交量30560張，該股價當日開盤價17.4元，最高18.8元，收盤18元，請問還可

不可以投資？

【答案】2443利碟當期股本30.8億元，成交量是30560張，當天週轉率9.922％，在該股當天屬於突然量增，買氣大於賣壓，雖價有回檔一些，仍屬於正常走勢，果然在91年4月12日股價已經來到19.6元

【例子 3】2331精英於91.6.20股價一直在170元附近盤整，請問可不可以買進？

【答案】精英股本當年度28億，當日成交量2161張，一週均量是4238張，二週均量是4048張，週轉率是0.77％。三者皆顯示是空頭走勢，不宜介入。

果真精英經過四個交易日後，於6月27日收盤價已是141.5元。

量大、量小

個股的量大抑或是量小的判斷，常常見仁見智，沒有一個標準，也不可能有一個標準。以經驗而言，以「均量線」和「週轉率」來判斷的話，較有個客觀的標準。有買氣才有推升力道。買氣的最低界線應定為週轉率1.5％。

【例子】2475華映電子，91年4月11日成交量54635張，5日均量34604張，10日均量40449張，請問該股量該如何看法？

【答案】華映電子這年生產TFT-LCD屬於當紅電子產品，股價大幅上揚，股價從個位數，漲至當時價位38元。但

是，我們應該撇開基本面的討論，從買氣來看。

當日成交量54635張,而5日均量34604張,10日均量40449張,這站在短線量的角度而言,屬於剛剛攻擊型態。

而該個股的股本437.5億,週轉率3％的成交量應該為131250。

第一天突破量,不應該強求,如果在後面的成交日,補量的話,就是應該完成完整的攻擊型態。

果然該個股於91年4月12日放大成交量,成交量為165249張已經有推升的人氣出現。股價也從38.6元推升到41.3元。

所以量大量小的關鍵在於股本與均量的微妙關係

【練習題 1】代號2512寶建,於91年四月26日成交量123824張,該股本為85.5億元。請問該股週轉率何？

（答案：14.4823％）

【練習題2】代號2330台積電,於91年時股本為1683.2億,於91年2月25日之後成交量分別為18712,35841,41710,42627,54644,100668,100937以週轉率的觀念該如何解讀？

（答案：0.1111％→0.5997％代表股價轉強）

31. 價量分析

從這章節開始,將是本書的重頭戲,讀者想要了解股市的真諦,在筆者認為無異於必先了解「價、量」。恰巧在一

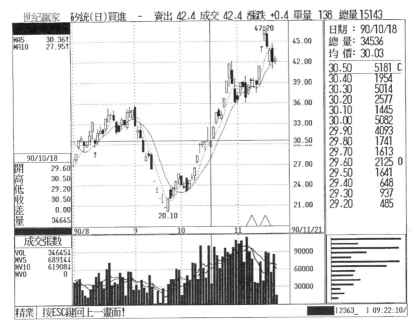

圖 31-1

般的股市資訊裡都會有一份統計指標，那就是「分價量表」

如圖31-1正好可以把一天或數天的成交單價之總數量統計出

來。而我們在價量分析之前，必先懂得利用它。

籌碼的價量結構

歸納計算籌碼的型態，筆者把它分成兩種：

①分價量表（長線、靜態）

②籌碼線（短線、動態）

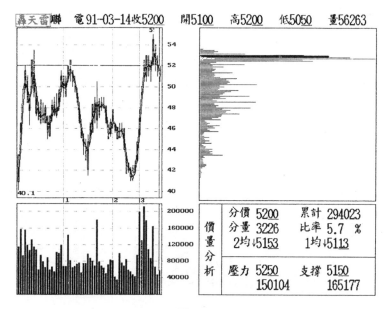

圖 31-2

①分價量表：

在現在一般的資訊系統裡，例如精業、轟天雷等系統都可以找到分價量表，其中轟天雷的系統筆者認為比較完整，圖31-2可以看得出來，分價量表馬上可以抓出聯電當天股價在籌碼中的位置。

在網路系統中裡也有免費的系統，如蕃薯藤網站也有免費提供籌碼分配圖如圖31-3。以上兩種系統，大致上，意思是差不多。就是把量在價上的位置找出來，我們利用這些資料，就可以知道現在價位是在整體上的哪個位置，是在大部分籌碼之上或者之下。若在之上當然股票放的安心，若在之

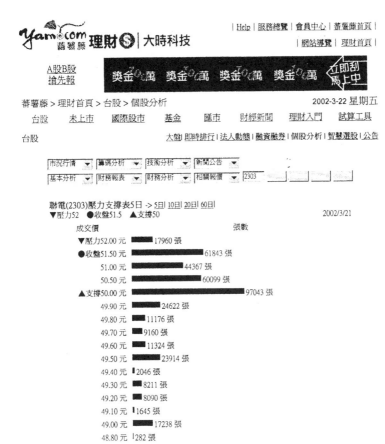

聯電(2303)壓力支撐表5日 -> 5日 | 10日 | 20日 | 60日 |

▼壓力52 　●收盤51.5 　▲支撐50   2002/3/21

成交價	張數
▼壓力52.00 元	17960 張
●收盤51.50 元	61843 張
51.00 元	44367 張
50.50 元	60099 張
▲支撐50.00 元	97043 張
49.90 元	24622 張
49.80 元	11176 張
49.70 元	9160 張
49.60 元	11324 張
49.50 元	23914 張
49.40 元	2046 張
49.30 元	8211 張
49.20 元	8090 張
49.10 元	1645 張
49.00 元	17238 張
48.80 元	282 張
48.70 元	1259 張
48.60 元	845 張
48.50 元	326 張

台股 | 未上市 | 國際股市 | 基金 | 匯市 | 財經新聞 | 理財入門 | 試算工具

圖 31-3

下就得小心應付，一有風吹草動就應該先行出脫。但是由於呈現的是靜態，無法看出買賣的比率，因為頭部有量被突破者多的個股多的是，這點「分價量表」就無法表現出來，所以，仍然無法當作是完美的技術指標，只能當作投資參考。

②籌碼線：

筆者苦惱市面上的技術指標裡，沒有一套是在計算籌碼的系統，「分價量表」勉強算得上是，可是「分價量表」無法表現出價量在配合時的那種攻擊的感覺，所以，仍屬於靜態的統計指標。筆者只好自己苦心研究理想的指標，於是自創統計短期間籌碼的工具，我把它稱之為籌碼線如附圖31-4

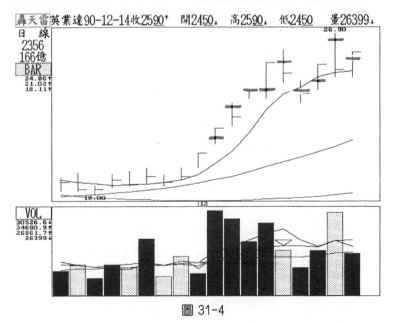

圖 31-4

，自從發明以來，使用至今仍是無往不利。據我看來可能是目前技術指標中，唯一能真正判斷「買氣」的指標。

找尋自我定位

在「分價量表」裡是可以告訴我們，我們買價的所在位置，到底是踩在別人的頭上，或是被別人踩著，這是一個很好的統計資料，因為統計結果是一清二楚無法欺騙。不像其他指標會有「騙線」的存在容易失真。而「分價量表」的統計能力，往往可以和籌碼線互補彼此缺失，分價量表和籌碼線的共同特性是表現價量位置，兩者有異曲同工之妙，分價量表唯一缺點是無法看出現今走勢，只能對已買進籌碼作統計工作。

雖然分價量表無法明確的指出買氣的強弱，可是它卻有強大的統計能力。在證券業裡有一句老話：「股價連漲三天，散戶不請自來。」意思就是散戶永遠是看到股價已經漲多了，才來到股票市場湊熱鬧。不幸的是，投資人下場買股票的時機，往往是股價開始遇到壓力的地方，也就是股價在那區域有大量的成交量，投資人變成替別人背壓力換手套牢。若在大多頭市場那也就罷了，還有機會翻身，但若只是反彈走勢，往往就會買到高點。可是如果讀者買股票之前，先看一下價量分析的「分價量表」的話，就可以事先知道要買這檔股票的價位，現在位置是踩著人家呢？或是被人家踩著？

一目了然之後，自然不會盲目跟風。

「分價量表」與「籌碼線」的比較

　　這兩種圖表都是我極力推薦的籌碼計算圖表，若要用一句話來表示其中的差異的話？筆者會用「分價量表求其廣，籌碼線求其精」這句話來表示。

　　因為分價量表可以統計出一段時間（一年、一季、一月、一週）的價量組合，很明顯就可以看得出來，自己的買價是站在哪個位置上，如果持股是站在一大堆成交量之下，那就表示不太妙了。而如果是站在一大堆成交量之上，那就表示大有可為。

　　如圖31-5高鋒機械這檔股票，91年03月13日當日收盤價11.7元，而它在1月10日有大量在12.4元價位，這才是它的真正壓力區，相較於它的高價14.4元在籌碼的角度反而不是壓力，從這圖形我們很清楚可以看得出來它在11元附近佈局了許多的籌碼，股價只要不跌破11元都是屬於整理格局，果真這檔股票在經過11元附近的再度洗盤之後，股價一飛沖天，至6月股價已經到達22元的價位，這次在11元附近佈置籌碼的人，可以說這一波賺了100%以上的獲利，短短三個月賺一倍的利潤，實在不錯。但是，這分價量表仍然沒有告訴我們股價明天是否要動，不過它卻可一下子抓出5、6個月的籌碼分布，於是我們可以說分價量表求其廣。

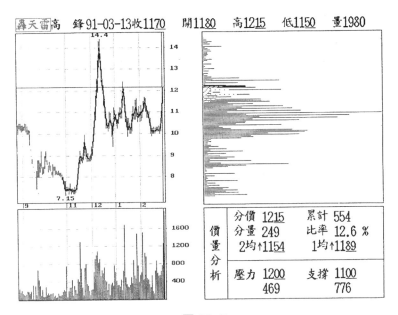

圖 31-5

　　而籌碼線求其精，籌碼線的買氣判斷，是以「價量組合」在一根籌碼線上作為判斷的（圖31-6），只要經過下面兩章的訓練，投資人很容易就能判斷是否是絕佳切入點，所以它是筆者決定是否要買進、賣出的最後依靠的指標。成功率可達90％以上，籌碼線不像分量價表無法確實掌握買氣的脈動，相反的在紅線、黑線的變化之中，我們很容易的就看出漲跌的趨勢，如圖31-6，聯電每次上漲的時候，紅線都在黑線之下，而且每根紅線都會比前一天高。所以只要運用籌碼線投資人就不會再覺得股市艱澀難懂，因為籌碼線把短線的價量關係分析的一清二楚，所以籌碼線求其精。

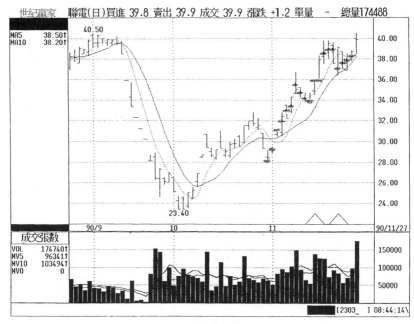

圖 31-6

32.籌碼線

　　要以籌碼為投資的標準，先要知道籌碼的累積可能需要一年、半年的時間。像前一章的高鋒機械，雖然它的籌碼價格累積在11元附近，可是它仍然可以聞風不動，甚至可以股價再度下滑跌破11元，以便尋求支撐。所以，我們光知道籌碼的累積的分價量表是沒用的。還必須深入到「短線價量籌碼的統計」，只有短線才代表「攻擊企圖心」，只要企圖心強，買氣才會跟著強勢，所以，只要短線籌碼累積到一定的

程度，就一定會造成短期股價反應。所以，只要有追求短期財富累積的能力，就能有追求長期財富累積的能力。關於短線籌碼的計算，筆者結合「量、價」發明了一種模式，它很快地就能看近期籌碼的集中。

精神：

現在台股投資人，利用K線看走勢的人最多，當初這是在日本米市使用的記帳工具。它標明了高低點，與開盤、收盤價，完全沒有表現量出來。所以，把K線拿來標示走勢，還得搭配成交量的統計圖，以弭補K線的不足。可是還是無法標明量價關係，讓人有「霧裡看花」「愈看愈眼花」的感覺。所以，還是得放棄像K線一樣沒有量的指標，這就是籌碼線被發明的精神了，它就可以輕易看出量價的微妙變化。

原理：

價量關係在股市中，其實是互為表裡的，一個是骨髓，一個是肉皮，互相牽動，骨骼強健，外表容光煥發，骨頭打斷了，肉皮也因此紅腫，肉皮受傷了，骨骼架構也易鬆散，所以，兩者應該結合一致，這樣才能窺得全貌。而且我們知道K線中的四個價位中，「收盤價」代表投資人一天交易最後的「標準價」，「最高價」和「最低價」代表一天之內的價格範圍，而開盤價代表第一價位，其實就不是那麼重要了，例如：馬拉松長跑比賽，開跑的第一人是誰，似乎也不是很重要，重要是誰最先跑到。所以，四者之中，我們捨棄開

盤價，以其他三者來代表「價」，剛好「美國線」可以表示以上圖形。

　　而在「量」方面，考慮到一天可能成交幾十個價位，如果要每個價位都顯示的話，那又回到如同「分價量表」圖形，所以，也必須有所取捨，恰巧投資都會有一窩鋒、跟風的特性，再加上若有大單買進的話，勢必也會在當天形成最大量區。所以，筆者發現一個定理就是「老大哲學」，若把當天的成交價格都當成一位發言人的話，最有權勢的發言人大概就是當天最大量成交的價格了。於是我們只取當天中最大量的價格當作是「量的代表」。

　　於是真正的「量、價」關係於是出現了，再來就是組合量價來表現股票價值的真正涵意。

　　方法：

　　①調出一天的價量表，就可以發現一天成交的價位當中，哪個價位是最大成交量（有時候是多重價，有時候是單一價）。

　　②我們把它們記錄起來，借用美國線（只有收盤價）代替K線為底圖。在每日的最大量的價位上畫上一條紅線。

　　③這樣一來，原本的美國線就很清楚多了一條紅線，裡面有一條黑線（收盤價）與一條紅線（大量價），或者數條紅線（成為大量區）。如圖32-1

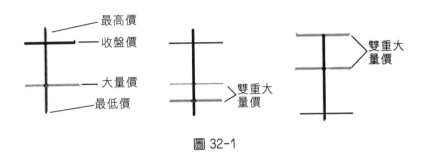

圖 32-1

用法：

　大量價與收盤價的比較等於就是價量的比較，也等於是比較紅線與黑線的位置的「高低」以及「距離」。

　單日強弱判定：

　①如果紅線在黑線下方，就表示當天買方勝於賣方，買氣比較強。如圖32-2

　②如果紅線在黑線上方，就表示當天賣方勝於買方，買氣比較弱。如圖32-3

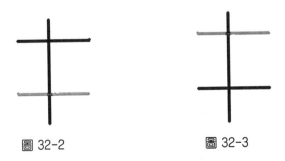

圖 32-2　　　　　　　　圖 32-3

　③紅線與黑線的距離愈近，表示當天買賣力道相當。如

圖32-4

④線在黑線上方,紅線與黑線的距離愈遠,則表示當天買氣有反轉跡象。明日開盤將弱勢向下開低。如圖32-5

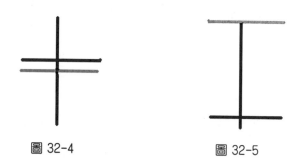

圖 32-4　　　　　　　　圖 32-5

⑤紅線在黑線下方,紅線與黑線的距離愈遠,則表示當天買氣強勢,明日開盤將強勢開高。如圖32-6

⑥產生兩條紅線(有兩個大量區),黑線剛好在其中,這時候可以判斷出來多空雙方勢均力敵,必須要把戰線延伸到隔日,由隔日的走勢判斷,若隔日黑線在下則趨勢走空,黑線在上則趨勢走多。如圖32-7

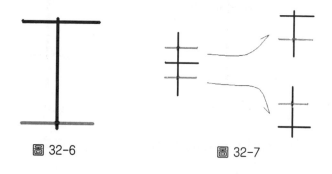

圖 32-6　　　　　　　　圖 32-7

光是以上的判斷，就不是現行的技術分析能夠告訴投資人的，因為籌碼線是測量買氣的，光用當天的籌碼線這點優勢，就可以替投資人在短線買賣賺進無數的財富。何況更精采的還有數日籌碼線的對比。

數日籌碼線的對比：

數日籌碼線的排列組合，將會影響後頭的走勢了，也就是容易看出買氣還在不在。其中分為「量對量的組合」與「量價對量價的組合」，比較要注意的是先比較一天的量價，再比較數天的量價。

①關卡一關的走勢：

每天紅線與黑線相差不會太遠，而每日紅線總是高於（或平於）前一日的走勢。這樣的走勢，必定屬於溫和上漲的格局，這時候只要耐心持有，必定會有高點。但是，如果投資人調出其K線圖來觀察的話。有時候會發現K線圖反而呈現盤整，或小幅下跌的格局，這是主力常用的手法，在K線上呈現一種騙線的走勢，實際上卻是在吃貨。因為K線是所有人共用的指標，主力勢必會在K線做手腳，但是，在測量買氣的趨勢線上，卻無法騙人，因為價格會騙人，但量就必須真刀真槍的實力。

主力也怕股價潰堤，一發不可收拾，所以，他勢必要守住籌碼上的價位，而不是在K線上的價位。

②一關壓一關向下的走勢：

如同前面的走勢，只是倒過來走，紅線一直維持在前一日之下，或平於前一日，這表示買氣在逐漸退卻，這時候的動作，最好趕緊抽離資金，以免買氣潰散之後，股價突然崩潰。但是，這時候的K線圖，可能呈現盤整的格局，甚至拉尾盤作價，但是黑線總無法站上紅線，這時候在K線圖上可能是收紅的圖形，所以，學會籌碼線之後，讀者對K線圖會有另一番新的認識。總之，一關壓一關的走勢，就表示無力衝關，股價勢必拉回。

③忽高忽低的走勢：

這在K線圖裡最常見，不過在籌碼線裡，倒是不會輕易看到，因為籌碼的計算裡，買氣不可能會忽有忽無，如果真的呈現如此的格局的話，就必須把籌碼計算的區域再擴大。這時候，我們就會一目了然的發現，一般這種格局，都是發生在股價在高檔與低檔的時候，高檔時，買氣已經不振，但是又彷彿還沒用完。所以，一下有，一下沒有，籌碼也是忽然買，又忽然不買。此時應該先抽離資金一趟。若發生在股價低檔時，則持股應該繼續擺著，或者加碼投資，但是，不保證一定會賺到錢，有時候，買氣聚不起來，就潰散掉了。不過像這樣的格局，至少也虧不了多少！此時更佳的做法，就是低檔承接，投資人這時候，不要擔心股價會飆走，這時候通常必須先出一根大量之後，股價才會飆升。這如果在K

線圖上或許就會飆上去，但是在籌碼線圖上，籌碼凌亂想要
漲也是困難。高出低進就可以。

④籌碼線跳空向上的走勢：

　遇到大利多的走勢，往往收盤價（黑線），就是紅線，
這表示買氣十足，絕對可以買進，千萬不要怕，一旦怕走勢
強勁，怕拉回不敢買，勢必要坐失良機。若之前有做功課畫
線圖的話，就一定會發現，其實之前一定會先有一關卡一關
的走勢，或許K線圖看不出來，但是在籌碼線上卻一目了然。

⑤籌碼線跳空向下的走勢：

　如同向上的走勢，來的時候，往往會令人措手不及，甚
至股價天天跌停板坐收，一開盤就是跌停，一盤到底，一天
只有一個跌停價，或者收盤價（黑線），就是紅線，但是卻
是在當天低價區。若要出現這樣的走勢，一般都會先出現②
一關壓一關向下的走勢，或者③忽高忽低在高檔區的走勢，
一定會先有這兩種走法之後，才會出現買氣潰散的走勢。好
玩的是，如果是一關卡一關向上的走勢，遇到突然來襲的大
利空，往往會先跌幾天，籌碼卻沒有鬆動，然後便急拉股價
回來，這時候市場的說法叫做「利空出盡」，反而使投資人
更看好未來的前景。

　這就是存乎一心的觀念，哪時候利多是利多，利空是利
空，哪時候又利多不是利多，利空不是利空，完全在於籌碼
的集中點，只要籌碼集中，買氣仍在，股價就不會狂跌的。

籌碼線與成交量

這裡所說的成交量是指當天該股的成交張數,包含盤後交易的數量在裡面。成交量在籌碼線裡面已經在有六成以上的判斷成分(因為已有大量價在裡面),但是還是要牽扯到量的大小,成交量太小籌碼線的排列組合容易被摧毀掉,所以,若要結合當天成交量來看的話,要先計算其週轉率大小(3%～7%最理想),更能判斷該股的買氣。

①一關卡一關的向上走勢中突然放量:

這就明顯顯示出來,這支股票會在往後幾天飆升,這一定因為一關卡一關的走勢,不但籌碼線早就看出來了,K線圖裡也看出來了。所以,才有更多的買氣介入,股價要漲,一定是要買氣強於賣壓,也就是說在籌碼線上黑線高於紅線。

②一關壓一關的向下走勢中突然放量:

相對於①一關卡一關的走勢中突然放量,這裡的放量剛好是告訴投資人,買氣被賣壓給壓潰散了,股價無人支撐勢必拉回,尋找下一檔有籌碼量的位置。

③忽高忽低的走勢中突然放量:

我們在上面說過,忽高忽低的籌碼線只會在高檔區和低檔區盤整時出現。所以,成交量在此放大,其實意味著該籌碼型態的完成,若在高檔,籌碼線勢必會變成一關壓一關向下的走勢。反之,在低檔區時,它就會轉換成一關卡一關向

上的走勢。

④線跳空向上的走勢突然放量：

這就要看放量價，也就是當天的籌碼線裡的紅線的位置決定。如果在黑線（收盤價）下方，那只是洗盤而已，而如果黑線在紅線下方，那就表示股價勢必要整理了。這時如果觀察K線圖配合成交量來看的話，勢必會覺得危險，但是在籌碼線上卻可以由紅黑線的位置判斷其真正的意圖，在很多的情形，只洗了一下盤，之後又繼續向上攻堅。其實，這在籌碼線上來看，是再容易不過的走勢，只要看當天的紅線的位置是否已經被破壞掉了，我們就知道往後會怎麼走。

⑤籌碼線跳空向下的走勢突然放量：

這個走勢如同④籌碼線跳空向上的走勢突然放量一般，只是該型態是倒轉過來的。不過要注意的是，籌碼線跳空向下的走勢型態中放量，往往只是技術線型的反轉而已，要形成V型反轉的可能性幾乎都不太大，最多只是恢復到忽高忽低的走勢而已。這時候在K線圖中，也許是V型反轉。但如果是製成籌碼線圖來看的話，就會發現只是忽高忽低的走勢而已，在這種型態中，我都不建議投資人去追價。

總之，在成交量放大量之後，幾乎90%的籌碼都會因此產生變化，有時候是如預期一般，助你一臂之力（如一關卡一關的走勢），但是，大部分時候卻是型態的「反轉點」。只要掌握好籌碼線其中的變化，再加上成交量的變化，股票

市場已經可以成為各位投資人的私人提款機。

說了那麼多的組合，我們還是拿實例來解釋籌碼線的看法會比較清楚，在下一章我們會用很多的實例印證籌碼線看盤的優越性。在後面並且附有練習題的操作，讀者若想要精通籌碼線的看盤技巧，必須先畫上50張以上的籌碼線才能運用自如。之後，讀者您就可以成為一位股市的看盤大師。

*33.*籌碼線實例與練習

實例 1：

代號6121新普之K線圖如圖33-1，在K線圖當中，依照現階段的技術分析，我們實在無法看出新普在三月中為何從90元上漲至125.5元，又為何從四月的125.5元下跌至104元。

可是我們看圖33-2就可以輕易判斷出來，從＜1＞的位置，該股大量線（紅線）已經和收盤線（黑線）會合，隔日黑線拉至最高，而紅線停留在原來位置，這表示該股已經在底部吃貨完畢，當日雖沒放量出來，籌碼結構卻很漂亮，可買進。於是再次日，股價果然上漲，紅線還是在黑線下方，表示買氣仍然強，仍然可追價買進。最後，果然股價一路上漲，價量結構都沒破壞，都可續抱。

我們再來看＜2＞的位置，新普股價在125.5的位置創近新高之後，我們馬上調出其價量表出來，發現已經呈現紅線

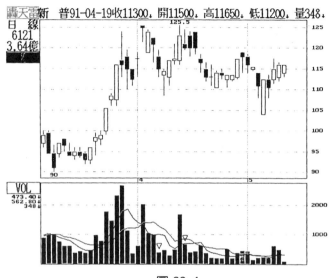

圖 33-1

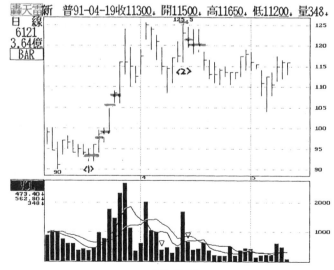

圖 33-2

在黑線上方的排列，在高檔區呈現如此的排列都是反轉的意味，然後再看次日紅線仍然在黑線上方，這時就應該要出脫持股不可留念了。

於是我們再看後兩日的籌碼線排列，發現都呈現紅黑線糾結的狀況，可惜這是在高檔，而且都是紅線在該黑線的下半部，並且成交量都不如125.5當天的量，表示股價勢必回檔，若此時還沒賣的人，應該死心了，用市價殺出持股，結果證明我們的籌碼線的確在看盤技巧上超人一等。

實例 2：

代號2330台積電之K線圖如圖33-3，我們來研究台積電為何會在十一月初期由60元上漲至十一月中旬的79.5元，從K線圖上看來似乎十一月初期K線仍然是收了兩根黑棒，屬於開高走低的格局，完全無法理解它為何上漲。我們只好求助籌碼線。

台積電的籌碼線如圖33-4，這是借用精業世紀贏家版的美國線圖，它們在黑棒的左邊加上了開盤價，在黑棒的右邊才是收盤價，仍然對我們無礙。我們畫好紅線之後，發現在＜1＞的位置之前紅棒是節節下降，屬於我們說一關壓一關向下格局，但是在＜1＞的位置時，收盤線與大量線已經同價，這表示下降走勢似乎有打停的跡象，果真從＜1＞的位置之後，紅棒呈現的是一關卡一關向上的格局，雖然黑線與紅線幾乎都是同線，不過卻都在黑棒的上半部，所以，從

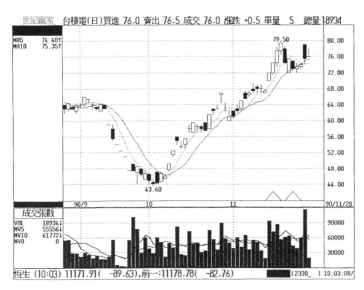

圖 33-3

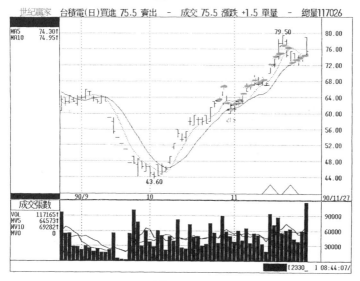

圖 33-4

＜1＞的位置往後推三天後，就知道這檔股票的確會往上走揚，果真上漲到79.5元的位置。

我們再來看該股創新高79.5元之後，摔了一交，跌回72元的位置，從K線圖上看似乎上揚氣勢已經完蛋，可是我們持續追蹤便可發現該股仍然走一關卡一關向上的格局，後來果真台積電一路走揚，這一波走升至97.5元的高價。

實例3：

代號4526東台之K線圖如圖33-5，我們來看看該股為何會在十一月初時最低19.5元盤整完畢，後來向上揚升至24.3

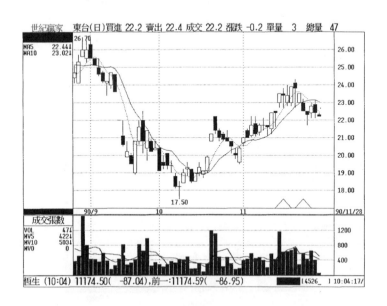

圖 33-5

元的真正變化。從K線圖看來該股一天走紅一天走黑似再加
上十字線似乎不怎麼看好我們只好從籌碼線上來看。

　　從圖33-6的籌碼線上來看，該股從十一月初呈現高低價
的盤整（從黑棒上看出來），可是在紅線上卻呈現一關卡一
關盤堅的走勢，紅線都沒有低於＜1＞的位置上的紅線（21.4
元），可見該股可以在接近21.4元的位置買進，果真盤整完
之後，股價跳脫21.4～21.8元的盤堅價，一路上攻至24.3元
的高檔，而且該股也符合我們所說的盤整後放量的走勢，該
股於盤整後，成交量放出一根大量，於是改變格局，直接跳
升。

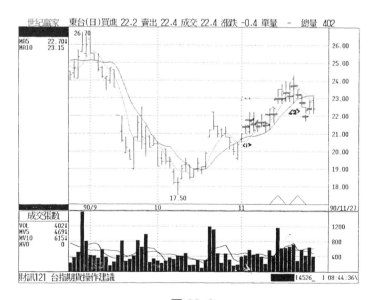

圖 33-6

　　我們再從24.3元的位置，看它如何下跌。從中圖＜2＞的位置，我們發現當天籌碼線排列仍然屬於多頭，但是隔天開始紅黑線都收在＜2＞的位置的紅黑線之下，在高檔此時已經表示反轉的訊號，該出清持股了，結果再次日，果然紅線已經在黑線下方，而且都低於前一日紅黑線，這表示股價一定要回檔了，市價賣掉持股也不為過，結果股價果真一路向下探底。

　　實例4：

　　代號2362藍天之K線圖如圖33-7，我們來探索這檔股票在十月底、十一月初期它向上走勢的原因，從K線圖我們可

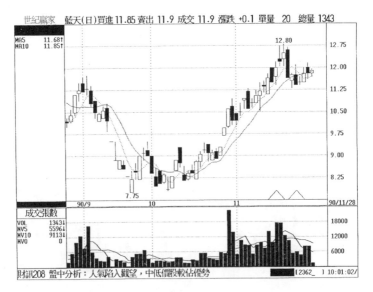

圖 33-7

以看出來，這檔股票走勢似乎是漲兩天回檔一天，這種走勢投資人最容易被洗掉而且很難賺到它的錢。

不過我們從籌碼線上來看，就覺得簡單多了，漲二跌一的走勢，其實我們可以看出來有主力在洗盤，而且它洗盤的手法完全逃不出籌碼線的控制，如圖33-8，在K線圖我們發現它是二紅一黑的走勢，似乎每個黑K線之後，走勢就要向下。但是，我們畫好籌碼線之後，就發現事實上完全不是這麼一回事。我們發現它的紅線（大量線）在圖中＜1＞的位置之後，都是走一關卡一關向上走勢，從十一月初的10元走到12.8元共上漲28％。

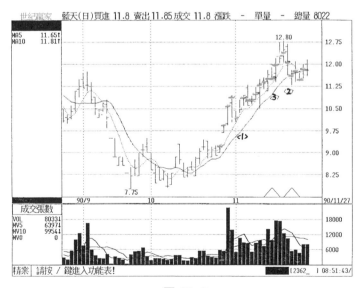

圖 33-8

　　然後在12.8元的位置猛然下殺，好像股價要崩潰了一般，這正是主力慣用的「甩轎」手法，它在K線圖上的確可以把人騙的一愣一愣的。但在籌碼線圖上卻完全現出原形，原因在於＜2＞的位置之後的紅線，都沒有超過＜3＞的位置的紅線，這表示主力也怕甩轎甩過頭，把全部的人都嚇壞了，股崩如山崩，一崩不可收拾。所以，它會把股價撐在＜3＞的位置之上。後來果真如筆者預料，股價這一波上升到23.9元高價。對於＜3＞的位置的11.5元而言，還有106%以上的上漲空間。

　　實例5：

　　代號2317鴻海精密之K線圖如圖33-9，在附圖中我們可以見到鴻海在十月中旬盤整半個月之後，於十一月開始上漲從月初的122元上漲至160元，然後又開始下跌，是否真的開始下跌呢？我們還是利用籌碼線看個究竟。

　　圖33-10是鴻海之籌碼線，從籌碼線中我們看到和K線圖不同的結構，在K線圖上它是天天小漲的走勢，而在我們的籌碼線上卻是先在圖中＜1＞的位置上盤整數天，從圖上看來那幾天的紅線糾結在一起，這種線形容易出現在大型股成交量不大的時候。鴻海剛好是符合此時的條件，它本身的週轉率過低，所以，勢必要用數天的籌碼量來帶動整個的買氣，也所以它會在＜1＞的區塊盤整，而紅線股價也一直沒

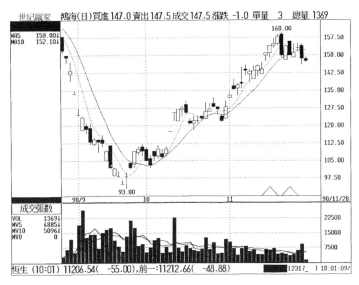

圖 33-9

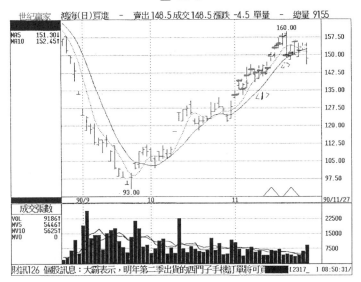

圖 33-10

破140元，此時的做法是股價拉回買進，等到＜1＞的區塊形成支撐之後，股價果然向上爬升，一路衝到160元的價位。

而從K線圖上我們也可以清楚發現，在160元後有四根的黑K線壓下了兩根的紅線。於是這在K線圖上就做孕線跌破，勢必往下走。可是在我們的籌碼線上卻出現不同於K線的走勢，它在160元之後，紅線形成一關卡一關的盤堅走勢，這種走勢表示它後勢仍然非常看好。果真後來走勢，衝到192元的高價，籌碼至此才凌亂掉，才是真正的賣點。

實例6：

代號2436偉詮電之K線圖如圖33-11，我們還是一樣，觀察偉詮電從十月底至十一月底上漲的真正原因，在偉詮電的K線圖裡，在十月底時好像股價就莫名其妙的上漲起來，在＜1＞的位置也沒突破前次高點，可是它卻在隔天輕易衝關，而在十一月中旬時下跌，兩天之後，又上漲，可是＜2＞的位置也沒過高點，可是它卻也輕易衝過關，這在K線上是完全無解的組合，我們看在籌碼線會如何？

圖33-12上是偉詮電的籌碼線，同樣的＜1＞的位置上，我們可以發現當天紅線收最高與黑線齊。而且紅線早已經超過上波高點的紅線，並且成交量也比當時要大，這就表示早已經突破壓力，而非像K線一樣沒過高點，在籌碼線上早已經過高點了。

在＜2＞位置上我們同樣也發現，當＜2＞位置的高點沒

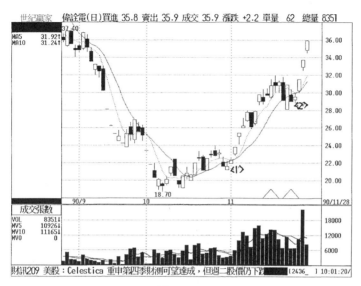

圖 33-11

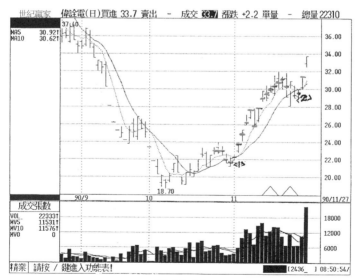

圖 33-12

過上波高點時，籌碼線上的紅線，卻早已經過了前一波的高
點，這也就是為什麼它隔天會輕易的跳空上去的走勢，在籌
碼線上它早已經突破高點了。

實例 7：

代號2408南科之K線圖如圖33-13，從十一月初開始南
科就由9元一路狂飆至十一月底時已經21.6元，這波的最高
價直奔到55.5元，如果投資人也像筆者一樣，能很快的抓到
這一波的漲勢的話，不出幾年功夫，必定能成為一個富翁。

南科的走勢是一路往前飆毫不停留，從K線來看，從未
有如此不可思議的走勢，但是這若落在籌碼線上又是如何看

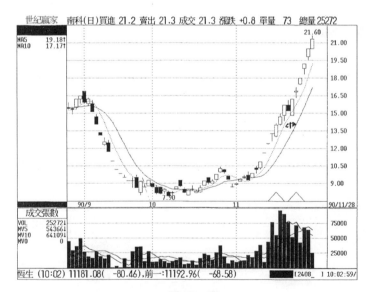

圖 33-13

待呢？

　　從籌碼線圖33-14上來看，南科一路上升，籌碼紅線一路疊上去，根本就沒有所謂的危險出現，而若精研K線圖的人勢必會在＜1＞的位置上把股票出清，這叫做居高思危，而在籌碼線上來看，根本就不用擔心，因為在＜1＞的位置上的紅線，還高於前一天的紅線，雖然在K線圖上是一根黑棒，但是在籌碼線上卻還是非常良好的走勢，這又再一次證明了籌碼線在緊急關頭的確能夠發揮救火隊的功能，對於判斷盤勢非常的明確。

　　經過了以上的七項實例比對，我們的確發現籌碼線比K

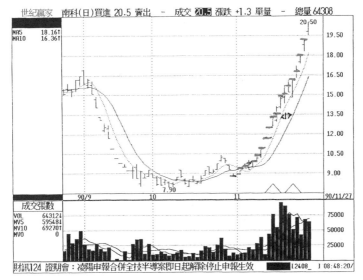

圖 33-14

線更容易懂，更接近市場的脈動。我們再多舉幾樣例子，好讓讀者更能了解籌碼線的實戰經驗。

實例 8：

代號1733五鼎，圖33-15中在十二月底短短幾天，股價從70元上漲到101元，我們來看看到底是如何變化！

從該股的籌碼線我們發現在70元附近，五鼎在＜1＞的位置明顯已經黑線超過紅線，次日紅線回測支撐，紅線與黑線都沒有破前天高點，可見已在此形成反轉型態。不過為了要求謹慎，在這時把該股列為注意股，然後在＜2＞的位置時，就應該進場，這就是筆者順勢操作的精神。因為該股已

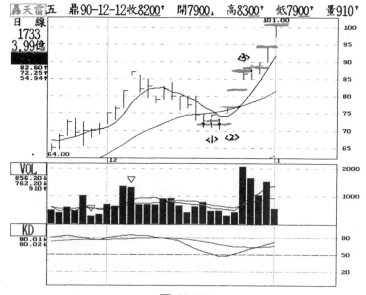

圖 33-15

經突破盤整走勢，而且在＜2＞的位置紅黑線都在最高點，
這在籌碼線上的結構等於在告訴我們買氣來了，無論如何都
要追價買進，期間在＜3＞的位置時黑線低於紅線，不過兩
者相當接近，而次日黑線、紅線又站上＜3＞的位置紅線之
上，所以仍屬強勢。後來果然股價一路長紅，價量結構也都
很漂亮，一直升到筆者記載的101元時，結構仍然沒有被破
壞掉。

實例 9：

代號2376技嘉科技，圖33-16中我們來探討經過盤整之
後是否有買氣在推升股價！

由圖33-16中我們可以看出來，在＜1＞的位置時，股價
已無上漲力道，若此時我們持有技嘉的話，就必須準確的利
用籌碼線裡的紅、黑線來判斷是否持股續抱或出場。由＜1
＞的位置我們開始畫籌碼線，觀察了一個禮拜之後，發現這
檔技嘉紅線位置一直維持在＜2＞的股價位置上，觀察到此
時，我們已經可以安心持股，因為股價向下的機率不高，果
真經過一週之後，股價果然再度往上揚升。

實例 10：

代號2418雅新電子，我們這次觀察股價假跌破，籌碼卻
撐住的現象。一般這種走法在任何的技術分析上都是無解，
籌碼線卻是專門對付這樣的現象。

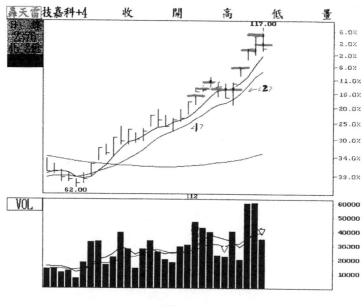

圖 33-16

　　如圖33-17雅新在＜1＞的位置時呈現盤整走勢，股價忽
高忽低，投資人這時會開始心慌，不知如何處置持股。可是
在籌碼線上卻呈現大量區一直維持強勢整理，直到股價走到
＜2＞的位置時，此時發現當天股價收黑，似乎出現變盤，
在任何的技術分析裡，此時呈現賣出訊號。可是畫出雅新它
的籌碼線卻發現紅線仍然沒有退卻現象，於是仍然安心續抱
持股，而＜2＞的位置之次日之後，紅線依然維持住，並且
黑線也跟著上升，又代表籌碼完全沒有破壞，果真股價之後
又繼續上升。

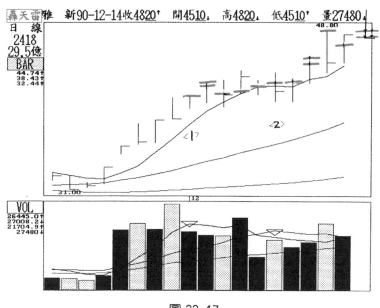

圖 33-17

實例 11：

代號2324仁寶，圖33-18是它的籌碼線圖，我們這次來看持股真的該出脫時，籌碼線是怎樣的格局，有什麼明顯的訊號告訴我們股價真的撐不住了，買氣真的消失了！

由圖33-18中這次我們來探討後半部的走勢，仁寶的前半部走勢由籌碼線看來屬於一關卡一關向上漲升。但是在＜1＞的位置之前二日，發現它的籌碼紅線已經在盤整了，不過收盤價還在紅線之上，仍然可以「留校察看」。可是當股價走到＜1＞的位置時，卻發生 個劇烈的籌碼變化，當天出現了一個紅黑高低差太大的反轉訊號，因為在＜1＞的位

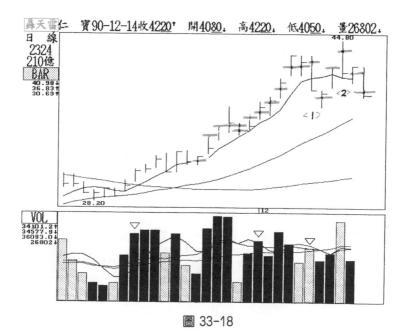

圖 33-18

置時紅、黑線的相距太遠，而且當天股價收最低，這時就是
一個警訊了。眼尖的籌碼家在當天就會出脫持股，因為這樣
的籌碼線形，次日股價一定會有更低點出現。

　　出脫持股後，等到籌碼再度集中時，才可再加入，果
真次日股價出現更低點，不過股價卻隔日再度上漲，紅線與
黑線收最高，這表示籌碼試圖拉回來，我們也如此期待，可
是股價走到＜2＞的位置時又出現了一次致命的紅、黑線差
距拉大的反轉訊號，由於在＜1＞、＜2＞的位置＜2＞連續
出現兩次反轉的籌碼線。

　　於是筆者建議，當天不管有多少持股都應該出清，因

為一次反轉之後，若沒有真的反轉，股價就會被支持住，不可能出現第二根反轉訊號，可是若連續兩次出現反轉訊號，就表示第一次的反轉時買氣還在，可是買氣絕對會被第二次打擊崩潰的，無論如何當時都應該出脫持股才對。事後證明的確是正確的判斷。

　　練習題的目的是為了要讓讀者熟悉籌碼線的畫法，筆者都是利用美國線改良成為籌碼線（如附圖），因為美國線已經提供了絕佳的價位顯示，把高、低、收盤三個價位都顯示出來，其以黑棒表示高低價差，以橫黑線表示收盤價，我們所要做的工作就是把大量線（紅線）標明上去。

　　請讀者一定要自行練習一下，才能掌握其中精神。解答附於練習題完了之後。

練習題 1：

代號1310台苯從⑴開始大量價（紅線）數據從左到右為
31.6 31.6 32 32.4 32.8 31.8 32 29.8，然後自行判斷走勢。（
圖33-19）

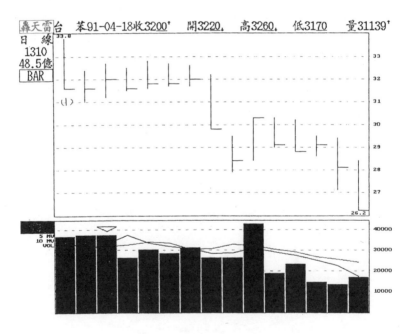

圖 33-19

練習題２：

代號2352明電從⑴開始大量價（紅線）數據從左到右為
73.5 73 71.5 72 71.5 72 74 79 84，然後自行判斷走勢。（圖
33-20）

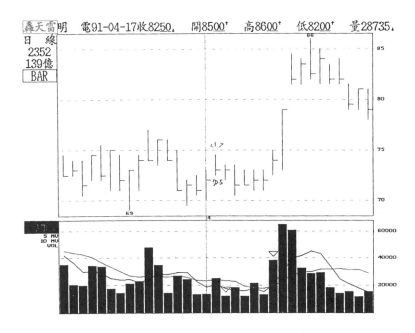

圖 33-20

練習題3：

代號2305全友從(1)開始數據從左到右為18 16.5 16.1 16.1 15.8 15.8 15.8 15.6，然後自行判斷走勢。（圖33-21）

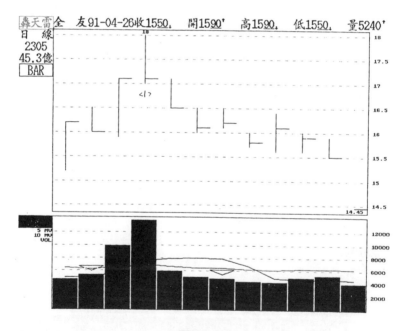

圖 33-21

練習題４：

代號2381華宇從⑴開始數據從左到右為29.3 28 28.5 28
27.9 28.1 27 28 28.5 28 27.6，然後自行判斷走勢。（圖33-22）

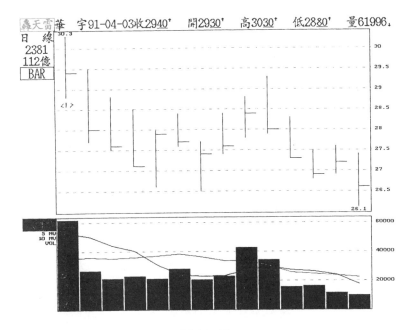

圖 33-22

練習題 5：

代號1602太電從⑴開始數據從左到右為9 8.7 8.8 8.65 8.8 9 9.3 9.3 9.35，然後自行判斷走勢。（圖33-23）

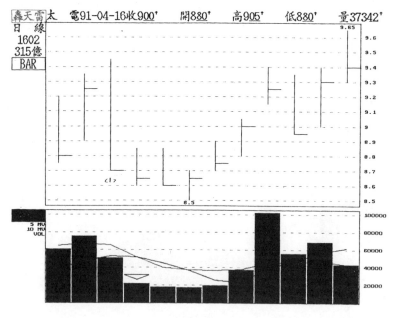

圖 33-23

練習題6：

代號2301光寶從(1)開始數據從左到右為40 39 38.8 39.2
39 38.9 38 36.8 35.3，然後自行判斷走勢。（圖33-24）

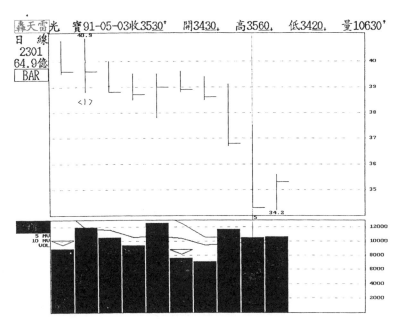

圖 33-24

練習題 7：

代號2305全友從⑴開始數據從左到右為15.6 15.9 16 16.2（16.3）17.1 18，然後自行判斷走勢。（圖33-25）

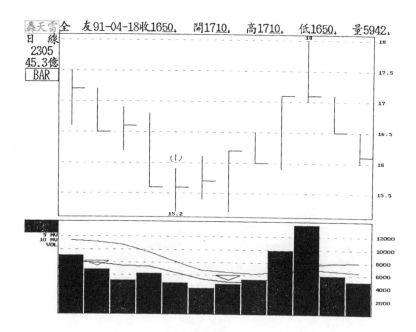

圖 33-25

解答：

這是筆者為讀者畫的解答，文字說明於後。

練習題 1：（圖 33-26）

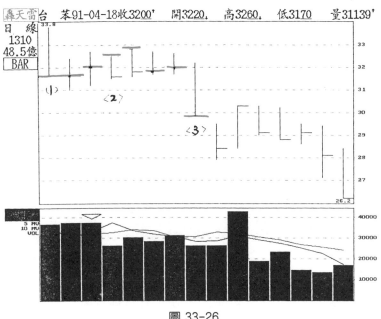

圖 33-26

　　台本從⑴開始呈現盤整格局，可是走到＜2＞的位置時，出現量價反轉的訊號（紅上黑下），於是此時可以把手中持股先賣出一趟，若繼續等待，則會在＜3＞的位置出現明顯的空方籌碼指標（紅黑線都是在最低檔），此時一定要賣出持股，否則股價就會一洩千里從32元下滑至26.2元。

練習題2：（圖33-27）

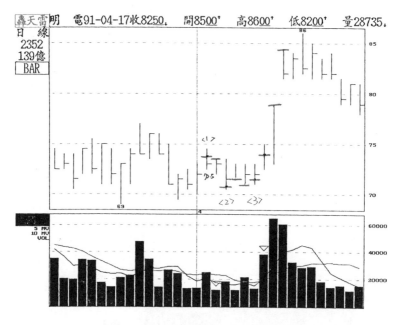

圖 33-27

　明電從＜1＞的位置開始下跌，紅線明顯都高於黑線，股價走到＜2＞的位置時，出現反轉契機，紅線已經低於黑線，經過四個交易日之後，我們很明顯的發現紅線在升高，而且黑線都在紅線上方，這表示股價90％會往上走，應該在＜3＞的位置買進股票，股價經過＜2＞～＜3＞位置的籌碼佈局，終於在＜3＞的次日股價上揚，股價一路挺進，一下就上漲了22％

練習題3：（圖33-28）

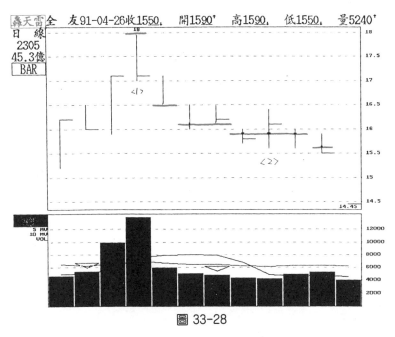

圖 33-28

　　全友在＜1＞的位置出現紅黑線的明顯差距，表示隔日就會有低點，如同實例10的仁寶，於＜1＞的次日又出現空方籌碼的紅、黑線在低檔，表示仍是空方走勢，於是空方一路下跌，紅線一路下壓，呈現一關壓一關的籌線線形，在＜2＞的位置時，出現反彈的契機，可惜紅線仍然與周邊紅線作伴，原來只是虛晃一招，若是真的反彈，在＜2＞的紅線應該高於前日紅線許多，並且黑線高於紅線。結果此檔呈現沿路下跌的走勢。

練習題 4 ：（圖 33-29）

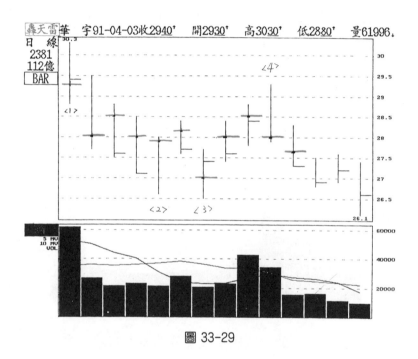

圖 33-29

　　華宇從從＜1＞開始到＜2＞出現的走勢，是一路下跌，
大部分紅線也是高於黑線。可是在＜2＞的位置時出現了一
個絕佳的反轉契機，在＜2＞的位置時紅黑線同步收高，並
且有很長的下引線，於是我們把觀察重點擺在＜2＞的次日
，結果頗令人失望，次日當天紅線又在黑線下方，結果隔天
果真有更低點，不過在＜3＞的位置出現了令人激賞的籌碼
線形。造就了在＜3＞的兩日上漲，之後又開始下跌。

從以上我們可以觀察到，第一當時華宇的股本112億，平均週轉率1.78％，本身週轉率太低，所以容易呈現忽高忽低的走勢，可是仍是不脫籌碼線的控制。第二由於＜2＞與＜3＞的強力拉升，造就走到＜4＞的格局，不過，由於籌碼散亂，無法做出連續籌碼卡關的走勢，格局走勢也無法太漂亮，所以我們在此更可以確認，籌碼連動性的重要。

練習題5：（圖33-30）

太電從＜1＞的位置呈現一個強烈的空頭走勢，黑線收最低，紅線變成是往後的壓力，於是在＜2＞的位置時，股價已經來到8.5元的低檔。

可是在＜2＞的位置時，出現了一個反轉契機，紅線與黑線都收在高檔，於是隔日紅線與前二日齊平，雖然黑線在紅線下方，可是不遠，還沒關係，最後果真股價突破，紅線一路挺升，直到＜3＞的位置出現致命的反轉線形，此時有持股者必當留意次日走勢，不過次日在＜4＞的位置，仍出現紅線與黑線收高的線形，暫時化解下跌的危機。

從這個線形我們看出不是主流股的悲哀，明明從＜2＞到＜3＞是個很強的走勢，可是在＜3＞之前一日的黑線在紅線下方，就破壞所有的走勢，也就是說，非主流股買氣不易聚集，所以，籌碼也容易潰散。

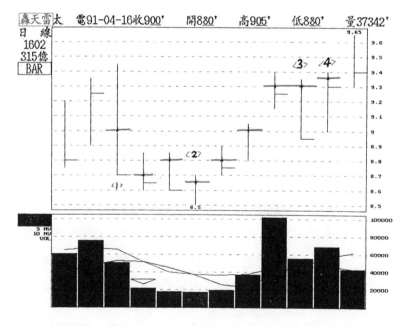

圖 33-30

練習題6：（圖33-31）

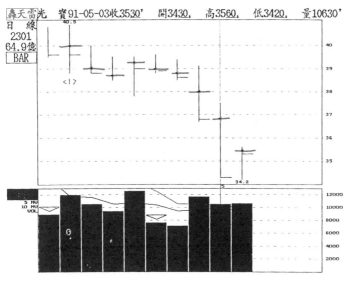

圖 33-31

　　光寶電子，畫完光寶的籌碼線，我們就可以發現，從
＜1＞處開始，光寶的黑線就一直在紅線的下方，也就是說
，光寶應該呈現走弱的格局，或者不久的幾天之後，勢必有
走弱的格局，果然經過約一週的弱勢格局之後，光寶正式下
跌，下跌的幅度還蠻驚人的，一下就下跌了16.38％，若當
時持有光寶者學會這套籌碼線的話，要避免這次的價跌，是
非常容易的事。這也證明了，股價是最後反應的說法，下跌
的順序一定是，①買氣沒了→②籌碼凌亂→③股價反應，的
確不是虛妄。

練習題 7：（圖 33-32）

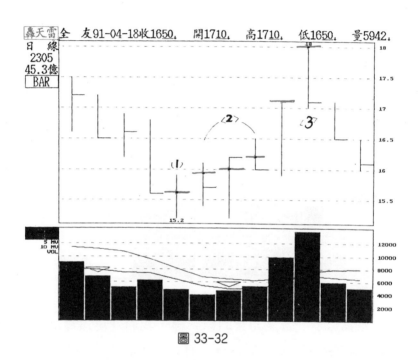

圖 33-32

　　最後一題全友電子，我們來探索成交量不足時，籌碼線的看法如何！

　　畫好籌碼線之後，發現全友從＜1＞處開始就呈現變盤的走勢，紅線和黑線同一條，於是我們知道可能會變盤了，果真全友於次日，股價開始上升，不過黑線收在紅線上面，不過值得繼續觀察的是，黑線並沒有跌破＜1＞處的紅線，這表示仍屬上漲，隔日雖有下影線，不過紅線卻收在黑線上

面，黑線還是收最高，這就表示明天一定會有高價出現。果真次日出現了大幅度的漲幅，不過在＜3＞的位置，卻出現嚴重的紅、黑線差距擴大，而且成交量放大，到此我們完全明白全友之後的走勢，一定又是一波下降格局。

做完了以上的練習題，我們會發現籌碼線有預測未來（尤其是明天）走勢的能力，而且這非常準確，因為它是結合了量價變化，把短線的籌碼看的一清二楚，所以，對於短線的走勢非常能夠掌握，所謂「登高必自卑，行遠必自邇」，投資股票，能賺到短線的趨勢，對於大行情也才能掌握得住！

34.賣出決定在早盤

做完了籌碼線習題之後，你的答案是否與筆者一致呢？如果沒有完全相同也沒關係，只要不是把多看成空、空看成多就可以了，畢竟股市是「相對論」！

各人有各人不同的看法，不過是否覺得自己的看盤功力提升不少，在這一章筆者還要教導讀者買進、賣出「時間」上的技巧，如果讀者您已經知道籌碼落點、會畫籌碼線，而錯過這一章的話，您的籌碼分析就還差些火侯，前面講的都是找尋「切入標的物」，而這一章要講的就是「切入點」，那就是「**買進決定在尾盤，賣出決定在早盤**」，這是我操盤14年來最得意的買賣手法，這手法是結合：

①買進今日的股票，賺明日的股價。

②籌碼計算。

這兩個觀念所推演出來的方法，不過這樣的手法並不適合一般沒有計算籌碼就買賣的投資人，如果投資人沒有我所說的內涵的話，而只學筆者的買進、賣出手法的話，反而會得不償失！

什麼原因？

為什麼我需要把買賣時間點規定的如此清楚呢？放眼望去坊間所有的股市書籍，絕沒有把自己的買賣時間點規範的如此清楚的。因為一天四個半小時的交易時間，隨時都有人在買賣股票，怎能限制自己的時間。但是，我卻可以把自己的買賣時間點明確的點出來。

這是因為我們買賣股票是在計算籌碼，計算「買氣」是否依舊強勢，而一般坊間的技術分析，卻還只是停留在統計上，無法再更精準地計算買點、賣點。

差別在哪裡？

兩者差別如同筆者是拿手術刀在進行切割手術，而坊間的技術分析卻像是拿著菜刀進行切割手術，所以，這也不能怪坊間的分析師們不用心，其實乃是因為工具的精緻度無法相比，所以，結果的精密度當然也就無法相比嘍！

買盤決定在尾盤的原因！

第一原因：我們買股票是靠計算籌碼，不是隨心所欲，更不是任意揮灑、人云亦云、聽信明牌。而且我們的操盤模式裡是要求一個無風險的操盤策略，所以，買一檔股票都是經過判斷：

①籌碼分佈，呈現強勢（長線）。

②籌碼線的型態轉強（短線）。

若是兩者都強的情況下，才會下手買股票，而我們所要求的是明天以後的利潤（買今日的股票，賺明日的股價中說過）。所以，審慎的評估我們所選定的股票，它的籌碼分布與籌碼線是否在當天轉壞。這也是為什麼，我們會把手上的資金壓到最後才出手的原因，前一天先選擇介入標的物，觀察一天的交易仍然符合我們的要求之後，才會在尾盤，風險不太大時買進股票。

有沒有例外

有！任何的事情都會有例外，這樣的做法最主要是它的精神，只是大致上的操作準則罷了，當然無法要求操作模式一致，如果股票真的那麼簡單操作，那就好了！

買進決定在尾盤的例外是，當我們選擇的介入標的物股價提前發動。這如同搭公車一般，明明11點鐘的車子，它突然提前在10點50分就到站了，此時我們可不可以等到11點鐘

才上車？當然不行！當然是馬上上車，才能搭得上車。股票也是一樣，當我們已經鎖定的個股，股價突然發動，突然飆漲起來，要不要追？當然要追！而且還要大力的追，加碼的追，這樣才能搭得上飆漲的列車，否則不是白忙一場嗎？

賣出決定在早盤的原因！

我在《突破股市瓶頸》一書裡也有一章提到過停損的做法，那就是：

①買進兩天不賺錢，一定停損持股。

②損失超過10%，一定停損持股。

實際上，筆者自己已經訓練到隔天停損的境界了。在「只設停損，不設停利」一章中說過，我們所有賣出的股票都是屬於停損，絕對沒有「獲利了結」和「停利」的，因為我們賣出股票都是真正的停損和因為我們不會去預測高檔。所以不會賣在高檔，都是賣在高檔出現之後。

在前一段說過買進持有風險非常低的原因，在於我們是隔日的早盤停損做法。先前的讀者都知道，我不喜歡當日沖銷，根據交易所統計，當沖的客戶，有90%以上是賠錢的，所以，既然我們知道了這事實，當然不會去犯這個錯誤的毛病。

所以，筆者也設定我們的投資人都不會去當沖賺差價，筆者也發現一個現象，那就是。「隔日財，比較肥」。因為

根據我們籌碼計算出來的股票，幾乎隔天都應該開高走高，收盤會高於我們前一天的買價的。這樣一來，當天的價差都不重要了，籌碼線的做法是不會推薦由跌停板拉升到漲停板的股票給投資人，因為那不符合籌碼線的規矩，我們會買的股票，一定是籌碼結構漂亮，而不是一天、二天的搶短線，是一關卡一關向上的股票，更好的則是股價跳升，籌碼穩固的股票。

絕對不會去買跌深反彈的股票。所以，我們的持股，一天也不會有14％的漲幅，甚至不會少有買進當天有7％的漲幅。可是籌碼線優良的股票，隔天開盤幾乎就在高檔，也就是別人口中所謂的「飆股」，飆股雖然無法一天有14％的利潤，但是一段時間下來之後，漲幅卻是所有股票裡最多的一個。

可是話說回來，神仙打鼓有時錯，萬一我們尾盤買進股票之後，隔天卻不如預期，股價硬是漲不起來，甚至開高走低，那怎麼辦呢？這時候，就是我們要運用「賣出決定在早盤」這個方針了。有許多投資人，買進股票不漲，甚至跌就會怪罪受到美股NASDAQ拖累，或者上市公司營收不佳，甚至自己的八字與該股不合。

但是，筆者卻不會這麼認為，股票會跌只有一項原因，那就是還有別的籌碼我們沒計算到；所以，走勢才會與我們想像的不同（我們想像買進的股票，由於籌碼安定，買氣又

極強，一定是一股難求，所以，股價一定是一飛沖天）。這時我們就爽快的停損股票吧！所以，我們賣出股票都是在走勢一開始不對勁的時候，一大早就停損掉前一日買進卻沒漲的股票。絕對不會留著來困擾自己的情緒。

畢竟投資像藝術，它不是用微積分就可以控制得了的。買到不賺錢，就應該馬上就賣掉。

有沒有例外

有！賣出決定在早盤的例外，是遇到利空襲擊時，股市有太多的意外，一點都不稀奇，本來賣出決定在早盤的決定因素，是為了要彌補前一日尾盤我們買進的股票，在沒有計算到其他籌碼所設計出來的停損模式。但是，遇到利空襲擊時，籌碼穩定的股票，開盤時往往也會鈍化它強勁的走勢，以低盤開出，這時候若馬上啟動我們的停損裝置的話，往往會得不償失，所以，這時候應該再觀察相關類股的走勢，或許會損失擴大，或許會虛驚一場，但是，這絕對是必要的做法，成功機率大概有70%以上。

以上就是我們在實戰上的做法，「買進決定在尾盤，賣出決定在早盤」是筆者建議的最佳買賣時間點。

共勉篇

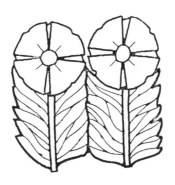

35. 股票的歷史與發展

　　股票是世界經濟歷史中發展出來的產物，它的歷史和發展過程大致上，可分為三個時期。

　　第一時期：在16世紀時期，作為籌集資金、分散風險的一種手段，進而發展遠航貿易擴充商業領域。

　　15世紀時，義大利的航海家哥倫布發現美洲新大陸。隨後葡萄牙的航海家麥哲倫完成了第一次環球航行，這些地理上的發現開啟了東西方之間的航線。海外貿易和掠奪殖民地成為當時社會致富的捷徑。而要組織遠航貿易就必須具備兩大條件，第一是建構船隊需要鉅額的資金；第二是因為遠航經常會遭到海洋颶風和土著居民的襲擊，必須冒極大的風險。而在當時，沒有一個投資者能擁有如此龐大的資金，也沒有誰甘願冒這麼大的風險。

　　為了籌集遠航的資本和分攤經營風險，於是出現了以股份集資的方法。即是在每次出航之前，開始招募股金，航行結束後，將資本退還給出資人並將所獲利潤按股金的比例進行分配。為保護這種股份制經濟組織，英國、荷蘭等國的政府不但給予它們各種特許權和免稅優惠政策，且還制訂了相關的法律，從而為股票的產生創造了法律條件和社會環境。

　　在1553年時，英國以股份集資的方式成立了莫斯科爾公

司，又在1581年成立了凡特利公司。其採取的方式就是公開
發行股票，認購了股票就等於獲得了公司成員的資格。這些
公司開始運作時，是在每次航行回來後，就歸還股東的投資
和分取利潤，其後又改變成將資本留在公司內長期使用，從
而產生了普通股份制度，相應地形成了普通股股票。

　　因為在貿易航行中所獲取的利潤十分豐厚，這類公司在
英國於是蓬勃發展，相對地股票制度也得到發展。在1660年
時，股東若要轉讓其所持股票，就只能在公司內部轉讓給其
他的人員來承接，或設法依公司章程規定將本公司以外的承
購者變為公司的成員，股票的轉讓相當不便。但從1661年開
始，股票開始可以任意轉讓，購買了公司股票的人，就具有
了公司的股東資格，享有股東權利。

　　到1680年，此類公司在英國已達49家，這時就開始醞釀
以法律形式確認其獨立的、固定的組織形式。直到17世紀上
半葉，英國就確認了公司作為獨立法人的觀點，從而使股份
有限公司成為穩定的組織形式，股金成為長期投資。股東憑
藉公司製作的股票就享有股東權，領取股息。

　　與英國相呼應，證券交易也在歐洲大陸的資本積累過程
中出現。17世紀初，為了促進包括股票流通以及籌集資本，
在里昂、安特衛普等地出現了證券交易場所。

　　1608年，荷蘭建立了世界上最早的證券交易所，即阿姆
斯特丹證券交易所。

第二時期：17世紀後，隨著工業革命的爆發，股票逐漸進入金融和工業領域。

從17世紀末到19世紀中葉，英國、法國先後開始工業革命，機器的大量生產代替純手工的生產，這導致了商業經濟的發展。股份有限公司因為工業革命的緣故迅速發展起來，股票制度也相對地得到發展。出於生產對於擴大資金來源和進行遠距離運輸以擴大市場的需要，銀行、運輸業急需大量籌集資金，而通過發行股票來籌集資金、建立股份有限公司就成為當時的普遍方式。1694年成立的第一家資本主義國家銀行——英格蘭銀行及美國在1790年成立的第一家銀行——美國大眾銀行都是以發行股票為基礎，所成立的股份有限公司。由於股價制銀行既可發行銀行券，又能吸收社會資金來發放貸款，其盈利非常可觀。

相對於遠航貿易而言，銀行股票是金融業股票，不但股息多，而且風險小，所以股票和股份制在金融業得到了迅速的發展。

這時候，資本主義的主要事業，從手工業過渡到機器生產。不但紡織業使用了機器，並且推廣到輪船和汽車，改變了整個工業的交通狀況，大大地促進了生產力的發展。這時的生產規模，已經遠遠不是單一資本家的小規模投資所能適應，它不但需要專業化的生產和分工，還要求在交通、能源、原材料、基礎設施等方面進行巨大的投資，而這些投資卻

不是少數資本家或當時政府的財力所能承擔得起的。於是股份有限公司和股票制度，正好提供了一條用資本主義社會來集中資金。

在18世紀70年代到19世紀中期，英國利用股票集資這種方法，修建了長達2200英里的運河以及5000英里的鐵路。美國在18世紀初的50年裏建成了約3000英里的運河及2800英里的鐵路。

到了19世紀60年代以後，由於資本主義需要擴大企業規模、改進生產技術和提高資本投資。此時獨資或合夥的企業就難以適應此一趨勢。這時歐美國家政府就採取各種優惠措施來鼓勵私人集資興建企業。股份有限公司開始在工業系統確立統治地位。於是，股票的自由轉讓，特別是利用股票價格進行投機行為，刺激了人們向工業企業進行股票投資的興趣。股份有限公司在各個工業領域都迅速發展，成為主要的企業組織形式，而且籌措的資本額也越來越大。

如1799年杜邦創立的杜邦火藥公司就是以每股2000美元的股價籌措了15萬股資本而創辦的，而1902年成立的美國鋼鐵公司則用股票籌措了14億美元的股金資本，成為第一個10億美元以上的股份有限公司。

第三時期：隨著證券交易的發展，其相關法令及措施日益完善。

隨著股份有限公司的發展和股票發行數量的日益增多，

證券交易所也在逐步發展。1773年，股票商在倫敦的新喬納咖啡館正式成立了英國第一家證券交易所（現倫敦證券交易所的前身），並在1802年獲得英國政府的正式批准和承認。它最初經營政府債券，後來又增加公司債券和礦山、運河等股票。一直到19世紀中葉，一些非正式的地方性證券市場也開始在英國興起。

這時美國方面，證券市場從費城、紐約到芝加哥、波士頓等大城市開始出現，逐步形成全國範圍的交易局面。這些證券市場開始經營政府債券，繼而是各種公司股票。1790年美國的第一個證券交易所——費城證券交易所誕生，1792年紐約的24名經紀人在紐約華爾街11號共同組織了「紐約證券交易會」，這就是後來聞名於世的「紐約證券交易所」的前身。隨著股票交易的發展，在1884年，美國的道和瓊斯發明了反映股票行情變化的股票價格指數雛形——道瓊股票價格平均數。

股票在近代和現代的高速發展，而要求法律制度不斷完備。各西方國家均通過制定公司法、證券法、破產法等來維護股份有限公司和股票的發展，以保護股東的權益。

美國於1929年發生了經濟大恐慌，有了這次的經濟危機的經驗，於1933年頒佈了《證券法》主要是規定了股票發行制度。1934年又頒佈了《證券交易法》，用於解決股票交易問題，並依該法成立了證券委員會作為股票市場的主管機關

。1970年，為了保護投資者的利益、減少投資風險，頒佈了
《證券投資者保護法》。另外，在各國的股票交易市場上形
成了反映股票行情變化的股票價格指數。比如，美國的道・
瓊斯公司編制的道瓊股票價格平均指數，是美國目前最具代
表性的股票價格指數。這些證券（股票）法律的公佈和股票
價格指數的產生，促進了股份有限公司和股票制度的發展。

　　而我國從民國五十年開始，成立證券交易所，當時只有
四家上市公司分別為台泥、工礦、農林、台機。在民國五十
五年時成立了台北加權指數，以當年的七月一日當作是基準
日，以當時的上市股本乘以股價，當作是分母，歷經近四十
年，其中經過了原物料時，加工時期，金融投資時期，至今
的資訊產業時期。由原本的四家至今上市（櫃）公司已經突
破一千家，曾經數次創記錄至一萬倍以上，成長可謂快速，
這個場所幾十年間造就出許多的投資富翁出來，也使許多投
資人美夢破滅，可說是一個財富重分配的場合。所以，投資
人進場之前，一定要先了解，進這市場若不是賺錢，肯定就
得賠錢。

36.專有名詞解釋

　　這篇是證券商常用的專有名詞，筆者把它表列於後，當
作是給讀者參考之用。對於會買這本書的讀者。筆者相信大

致上已經是具備對股市詳細的認識，或許是多此一舉，但是筆者還把它們收進來，以便架構完整的投資體系，也讓我們互勉不要荒廢投資的基本功夫。

短線　買賣股票大約一週內，即軋平的操作方式，稱之為短線操作。

中線　一週以上至一個月之內，進出軋平的操作方式。也有說法是三個月內。

長線　買進股票後，一個月（亦說三個月）以上才賣出者；賣出者相反。通常這種做法大概一年操作一、二趟而已。

跳空　股市受到強烈消息影響，產生供需不平衡的現象，此類激動情緒在上升行情時，易造成當天開高盤後繼續上升；在下跌行情時，則易造成當天開低盤後繼續下降，從圖表中看出不連貫之走勢。股價跳空多半出現於行情將有大變動之開始或結束。

停損點　買進（放空）股票後先設定一定的賠損額度，稱之為停止損失點，當股票價格下跌至此價位時，即立刻賣出（回補）。

箱型整理　在某一特定時點內，無重大利多、利空訊息出現，使得股價發展，於特定之高低點間，來回波動震盪稱之箱型整理，其實這只是投資人一廂情願的看法而已。

反彈　股價下跌，出現調整供需關係之現象，亦稱之為技術性反彈，此時產生暫時的回升，稱為反彈，大部分都屬

於大跌小漲之走勢。

回檔 在多頭市場裡，經過短暫拉回的修正整理後，稱之為回檔，前提必須股價仍具有上漲能力，若一去不回頭就只能稱之為下跌了。

反轉 股價變動並非永遠一致，有時亦會轉至相反方向變動，此現象稱為反轉，該點稱之為反轉點。

壓力 當股價上漲至某個價位區附近，產生大量賣出壓力，使股價停止上升，甚至回跌，此壓力具有妨礙股價繼續上升之作用。壓力通常是過去下跌行情之起跌處，或是在重要的回升點附近，也有可能是移動平均線。筆者其實認為無所謂的壓力。

支撐 股價下跌至某個價位區附近，投資人在此價位買進使股價停止下跌，甚至回升，此區域價位具有阻止繼續下跌作用。通常在重要上升頂點上方，或多空鬥最激烈，有大量成交價位之位置。也有可能是移動平均線。筆者其實認為無所謂的支撐。

關卡 股價上升至某一價位時，由於供需關係轉變，停止上升或下跌，使投資人對此價位猶豫，如「近關情怯」一般來說，以「整數關卡」、「心理關卡」最為常見。

打底 又稱為「築底」，股價不再下跌，從谷底回升，上升一段幅度之後又遇到賣壓而回跌，此一下落在原來谷底位置又獲支撐，這樣來回走勢，以消化賣壓，儲備日後上漲

的能量,稱之為打底。

探底 股價下跌趨勢中,不知底部在何處,後來股價曾經一次或數次到達該低價位,又止跌回升,稱之為探底,又稱為「再次探底」。

頭部 當股價上升至某價位區附近時,遭遇到阻力,使股價停止上升而急速回跌,此價位或價位區稱為頭部,有最終頭部與暫時頭部之分。

做頭 猶如打底一般,只是恰巧顛倒過來,在高價位處有兩個以上的峰頂林立,這就是所謂的盤久必跌,形成上升壓力區。

肩部 相較與頭部,就會肩部出現,此乃股價從高檔頭部回跌之後,遇到的支撐,通常都會有兩個,稱之為左、右肩,通常頭部會高於左肩,左肩會高於右肩。

頭肩頂 股價頭部高檔之後,會形成下跌走勢,然後遇到頭部上一波段低檔時,又容易形成上升走勢,之後才繼續下跌,這種線型看起來像一個人的頭肩的形狀,稱之為頭肩頂。

頭肩底 下探的走勢遇到支撐反彈上升,形狀好像頭肩頂翻過來的樣子,稱之為頭肩底。

M字頭 頭部的型成的形狀,好像M字一樣,故稱之為M字頭。屬於兩次做頭,既然M字頭了,就不可能再出現頭肩頂的情形。

　　W底　恰巧和M字頭相反的形狀，形成在底部，一般來說都是屬於兩次來回探底的走勢。

　　多重頭　來回做頭，最後終於下跌，形成一個多重做頭的走勢，稱之為多重頭。

　　多重底　來回探底，最後終於上，形成一個底部多重的線型，稱之為多重底。

　　K線　表示股價漲跌情況方式，空心（紅線）代表上漲，實體黑線（綠線）代表下跌，K線圖主要表線出某個時期的股價的高、低、開盤、收盤的狀況。

　　均線　由稱之為移動平均線，把一段期間的股價收盤價總和，除以該期間的日子數目所得出來的數值，再以連續相同的做法將連續的數值劃成一線，通常所謂的數值，可以是收盤價、股價最高點、股價最低點、平均股價（均價）、成交量等。

　　KD值　為隨機技術指標，基本上分為兩種指標，K值和D值，亦有人加上Ｊ值，各有不同的計算公式，一般而言，K值以移動較快，D值則移動較慢，當K值大於D值時候，代表漲升趨勢，因此當K線往上突破D線時，表示股價已經上漲，可以買進持有；但若K線往下跌破D線時，則代表賣出的訊號。市場是否熱絡以K值和D值兩者是否站上中線為標準判定。

　　相對強弱指標RSI　所謂相對強弱指標，簡稱ＲＳＩ，

根據股價漲跌的幅度變動來分析股市的強弱趨勢，通常設定出兩種不同計算天期的RSI，再以這兩線交叉的時點，為買進或賣出的參考依據。

開盤價　就是開盤價格，大盤揭示的成交的第一筆數字，或每一種股票，每天開盤第一筆成交的價格。

收盤價　收盤價格是指在交易時間末，最後一筆撮合成交的價格，它代表當天所有交易該股之交易人，所認定的基準價，成為下交易日之參考價。

成交價　買進股票與賣出股票之價位意願相同時，經電腦撮合而成交時之價位。

升降單位　即漲跌單位。市價在五元以下，每一檔漲跌單位為一分；五元至十元者為五分；十五元至五十元之間為一角；五十至一百五十元間為五角；一百五十元至一千元間者為一元，市價在一千元以上者為五元。

漲（跌）停板　根據台灣證券交易所的規定，凡是股票升降幅度超過前一營業日收盤價格的7%，股價將停止升降，而這個7%的限度就稱為漲停板或跌停板，這幅度可能會隨著政府政策調整。但是當天若有增資或減資者，就不在此範圍之內，得看增減的幅度才能斷定。

丙種交易　合法的證券商，分為證券自營商及證券經紀商。經紀商稱為甲種經紀人，自營商稱為乙種經紀人。證券市場除了上述兩種證券商以外，還有一種私下的墊股墊款營

業，以賺取利息，市場稱為「丙種」經紀。丙種經紀墊款給客戶買進股票的比率，通常「行規」是買進金額的七成，也就是客戶付與丙種經紀三成保證金。不過這種交易模式已隨著自辦融資券的券商增加而漸漸消失了。

轉帳交易　按照規定，證券交易必須在公開市場，以競價的方式完成買賣，但如果買賣雙方對某一股票，同意按照特定的價格、成交特定的數量，即可委託證券經紀商，透過交易市場，不經過競價的程序，直接完成交易。此種事先約定好買賣，只在股市補辦個手續的證券交易，稱為**轉帳交易**。

全額交割　簡單來說，就是現股、現款交割。也就是買進全額交割股票時要繳足買進價款，賣出時，必須先繳驗股票，不得作沖銷。被列全額交割的股票，都是財務發生困難、重整或停工的公司，其用意在限制其股票的過度流通。

融資　投資人向證金公司借錢買股票，將股票抵押寄存在證金公司，等到股票賣出之後，將借貸的錢與利息還給證金公司，稱之為融資交易，持有期限現為一年。

融券　融券交易則是投資人認為某支股票股價將會下跌，想要趁高檔時逢高賣出，但苦於手中沒有足夠的持股，因此向證金公司繳納交保證金，借股票逢高賣出，等到股價下跌後，再逢低買回股票，還給證券公司，或以自己手中相同股票，現股償還，持有期限為一年，但遇到該公司除權時必須回補。

斷頭 作融資或融券時，當繳納的保證金已經低於維持率，證金公司為確保自身債權，主動將客戶抵押的股票在市場拋售，即稱之為斷頭。

融券標借 為融資融券交易股票之融券餘額超過融資餘額時，證券公司於次一營業日或再次一營業日在台灣證券交易所集中交易市場以公開方式向該種股票所有人標借、洽借或標購等方式取得該項差額股票，用以交割或還券之用，由交易所會同辦理，標借股票之借券費用，最高以不超過該股票標借日之前一營業日收盤價格5%為限。

當日沖銷 指投資人於同一日採用融資買進及融券賣出，資券相抵的行為，稱為當日沖銷或當軋。

除權除息 所投資的公司有賺錢的話，公司通常會將扣除所有開銷後所得的純利潤分配給股東，這稱作股利。股利分為兩種：「現金股利」跟「股票股利」。當公司發放現金股利時，叫做除息；發放股票股利時，叫做除權。「股票股利」又有「公積」與「盈餘」之分。

除權參考價 除權公司以除權基準日前一天收盤價，扣除除權之權值之後，成為一個新的數字以便成為基準日當天的開盤基準價，稱之為除權參考價。

無償配股 股票發行公司，利用股息的一部分轉增資發行股票，依比例配發給公司持股的股東，股東獲取新股無需另繳股款，稱為「無償配股」，此外公司以資產重估或出售

資產的增值部分，轉入資本公積，然後每年以若干比例配發給公司的持股者，亦屬「無償配股」。

有償配股 即股票發行公司辦理現金增資，經股東大會通過並呈經主管單位核准，此時公司股東按一定的比例，繳納認購股票的股款，始獲得配股的權利，稱之為「有償配股」。

含息股票 尚未除息，含有股息之股票。所謂股息一般指現金股利。

含權股票 尚未除權，含有股權之股票。所謂股權一般指股票股利。

零股交易 買賣未達1000股的交易單位，就稱之為零股交易。交易時間為星期一至五每天下午2：00至3：30間申報。以收盤價的99.5％為撮合成交價。

初級市場 又稱發行市場，指證券發行的市場，由證券之發行人、購買人與仲介機構組合而成，無特定交易場所。

次級市場 指證券發行後買賣交易之市場，依其交易型態可區分為集中市場與店頭市場。

集中市場 集中市場就是由證券商提供場地，供自營商以及經紀商在此買賣上市公司股票的場所。

店頭市場 指的是證券商集提供場地，供投資人或自營商買賣上櫃公司股票，與集中市場不同是，集中市場買賣上市公司股票，店頭市場交易上櫃公司股票。兩者管道現已相

同。

興櫃市場 不同於集中市場與店頭市場的是，興櫃市場買賣未上市（櫃）股票。股價也由買賣雙方議定，股價成交價，往往一天之內相差許多。

普通股 為公司資本形成所發行之基本股份，普通股股東享有多項基本權利，包括：(1)表決權，出席股東會；(2)盈餘分配權；(3)剩餘財產分配；(4)優先認股權，但亦對公司經營成敗承擔最後責任。

特別股 所謂特別股是相對於普通股而言，它的權利義務不同於普通股，在公司章程中另有明訂。特別股在公司章程中有規定最低保證股息，不論公司盈虧，皆須發放保證股息，而且特別股沒有表決權但有剩餘財產優先分配權。

證券及期貨交易所 簡稱期交所，台灣證券及期貨交易所依證券期貨交易法成立，採公司制；主要業務為受理及審查股票上市申請案、監視及處理集中交易市場、查證上市公司重大訊息等重要相關業務。

集保公司 全名為「台灣證券集中保管公司」，主要從事有價證券之保管、買賣交割、代辦公開發行公司股務事項等業務。

市場價值 市場價值就是一般我們熟知的「股價」，主要是市場中議價的結果，若供給大於需求，股價則下降，需求大於供給則上升。

帳面價值 帳面價值指的是股票實際的資產價值，也稱之為淨值，就是公司的總資產淨值除以發行股數後所得出的值。

票面價值 票面價值是指股票上所印製的價錢，台灣股票上印製的股價都是每股新台幣十元。

公開發行公司 指股票公開發行的公司，若係上市（櫃）公司，為股票已公開發行且已上市（櫃）者；另一類則指未申請上市但已辦理股票公開發行手續者。

證券投資信託公司 簡稱投信，主要在募集眾人資金，做有效投資之專業機構，而此所募集的金額稱為共同基金，是一種投資理財工具。

證券投資顧問公司 簡稱投顧，主要業務為接受投資人委託，對證券投資相關事宜提供建議與分析者。

多頭 係指研判股市行情或公開發行公司，未來發展極佳，預期股價也將因此大漲，所以，在自認為適當的低價時買進，等上漲至相當的幅度後再買出，稱之為多頭。

空頭 抱著較為悲觀看法的投資人，預期產業景氣將趨於低迷，股市未來發展遠景不佳或研判公開發行公司業績或股價走勢將漸趨下跌之行為。

多頭市場 國外習慣以牛代表多頭，故又稱「牛市」。此時市況為漲多跌少，投資買進者大多能夠獲利。

空頭市場 國外習慣以熊代表空頭，故又稱「熊市」。

此時市況為跌多漲少,除了融券放空者外,投資人大多遭受損失。

證券金融公司　簡稱證金公司,為信用交易之授信機構,對於資金不足或缺乏股票的投資人,予以適度的資金融資或提供擔保股票融券;其業務包含上市股票現金增資股款融資、證券之融資、融券、轉融資、轉融券等業務。國內現在有復華、環華、安泰、富邦四家以及自辦融資(券)之綜合券商。

現金增資　現金增資是公司為了改善財務結構或進行擴大時籌募資金的舉動,公司會發行增資股,在市場募集所需的資金。

貨幣市場　信用工具期限在一年以內的短期投資之需求和供給,其包括短期票券市場及借貸市場。其工具為國庫券、商業本票、銀行承兌匯票、可轉讓定存單。

資本市場　信用工具期限在一年以上或不定期的有價證券進行交易的市場,其包括債券市場和股票市場,其工具有股票、政府公債、公司債、金融債券。

承銷　銀行信託或綜合證券商代理銷售有價證券。

包銷　銀行信託或綜合證券商雖然代理銷售有價證券,但承諾對沒銷售完的部份,需洽特定人或自己必需全數購下。包銷因負有完全銷售的責任,風險大多較承銷高。

散戶　指的是在券商開戶買賣股票的個別自然人。

主力 主力是指那些有辦法在股市中大額進出，對股價造成重大影響的人。

套牢 當你買入股票後，該股股價卻一直下跌，導致手中所持有的該股股票成本高於目前市場價格卻又沒賣出的狀況。

人頭戶 指被他人利用名義在證券公司開戶，進行股票買賣交易者。

進貨 市場主力將要介入某支股票，而將股票大力拉抬之前先要吃足籌碼，加以鎖定便利拉抬謂之進貨。

拉抬 當市場主力大量買足某支股票後，即向上拉升，用大成交量突破整理區，並透過外圍人士放出消息，甚至與公司董監事等大股東或業內人士聯合大幅拉抬股價，以誘使投資人跟進。

坐轎 坐轎者，乃指先行得知消息，或公司有大利多宣布，或有市場主力即將介入，於低價先行買進，等大批散戶跟進追價而時機成熟時，坐享股價開動上揚的情況。

抬轎 抬轎者於股價上漲中，仍然搶進追價，將股價墊高，或得知消息已遲，仍進場追買，不但獲利有限，有時還得承擔甚高風險。

打壓 是指大量賣出，而且是愈賣低價愈好，目的是希望股價垮下來。

洗盤 是做手為了達到其炒作最終目的價位，在中途必

須讓低價買進意志不堅的轎客下轎，以減輕上檔壓力，同時讓持股者的平均價位升高，便於施行養、套、殺的手段。

買超 買進的數量或金額，超過賣出的數量或金額。

賣超 賣出的數量或金額，超過買進的數量或金額。

量價同步 最簡易的解釋是當價位上漲時，成交量亦跟進遽增，成交量與上市價位步伐配合一致。

量價分歧 有兩種狀況，第一是雖然價位上升，但成交量卻反見萎縮，即價漲量縮，這種情形經常是市場惜售，後勢看好，投資人追價但上升時無大成交量，將會使價位上升無力道，反使賣壓大增，股價疲軟而回跌。第二是價位大跌，成交量放大，即價跌量漲，這種情形經常是投資人信心不足，全力出脫持股，或主力大量出貨，若低檔持續吃貨，顯示後市仍有可為。

利多出盡 利多消息在市場流傳，且醞釀已久，俟正式公布的時機，大勢或個別股不漲反跌，市場的稱之為利多出盡，意思是消息從初露端倪到證實的期間，股價已經漲過頭了，形成回跌的現象。

利空出盡 表示對股價具有不利影響的消息，都已經全部宣布出來了。

成長股 公司營業及獲利情形愈來愈好的股票。

轉機股 公司營業及獲利情況本來不佳，但情勢已經轉好的股票。

投機股 因人為炒做因素才上漲的股票。

內線交易 個人因職務之便取得公司內部資訊，而在公司股票漲跌前先行買入股票或賣出股票，謀取不當利益，稱作內線交易。

蜜月行情 新上市上櫃股票上市之初，僅提撥百分之十公開承銷，籌碼多集中在大股東手上，因此，若鎖住籌碼作多，股價自然會有一段時間漲停現象，此稱為蜜月行情。

除權行情 配股除權多半是因為公司需要擴大營業等目的，將所得的盈餘留在公司作為資本，因此，配發股票給股東。如果投資人認為這支股票的前景看好，就會搶在除權價格降低時買進，股價因而上升，稱作除權行情。如果股價在除權後，漲回除權前一日的價錢的話，稱之為完全填權。

資金行情 股票的價格取決於股票市場的供給與需求，資金行情指的是，市場中有過多資金，但是卻沒有這麼多股票，需求大於供給，所以股票的行情也會提高。

現金增資行情 公司期望現金增資能順利募集成功，以便現金增資繳款期間拉抬股價，拉大市價與認購價之價差，提高繳款意願，此時股價常出現波段漲勢，稱之為現金增資行情。

軋空行情 主力結合其他勢力，以融資方式買進特定股票，哄抬股價讓投資人認為有利可圖，因而融券放空股票，主力趁融券放空股票的人數到達一定的比利時，辦理融資賣

出，此時融資融券餘額產生落差，融券者被迫以補回差價，以高價位回補，稱作軋空行情。

選舉行情　每逢選舉，股市總會傳出有此種政策偏多的行情，以吸引投資者進場。其實早已經無效居多。

財務報表　是企業活動的縮影，用來幫助使用者做為決策的工具。內容大致可以分為資產負債表、損益表、股東權益變動表和現金流量表。

財務報表分析　從財務報表的資料中，找有用的資訊，來幫助公司管理者預測未來財務狀況，也幫助投資人做決策，也就是基本面的分析。

流動比率　又稱營運資金比率，顯示流動資產與流動負責間的關係，通常是做為測驗清償短期負債能力的指標，它的計算公式為：流動資產除以流動負債。

速動比率　又稱酸性測驗比率，指速動資產對流動負債的比率。計算公式為速動資產除以流動負債。一般所稱的速動資產，包括現金、銀行存款、短期投資、應收帳款及應收票據等，而不包括存貨及各項預付費用。這個比率比流動比率更加嚴格的測驗短期負債能力的指標。

應收帳款週轉率　應收帳款指銷貨出去未收回的帳款，計算公式為銷貨淨額除以平均應收帳款，此週轉率在測驗企業某一特定期間內收回帳款的能力。

存貨週轉率　企業存貨過多不但使資金留滯無法作適度

的運用，而且會增加倉儲費用與產品損耗，因此合理數量的存貨成為企業管理上一個最重要的問題，其週轉率愈高，表示存貨進出次數愈多，商品銷售情形良好。公式為銷貨成本除以平均存貨。

每股盈餘　指公司的普通股，每股在一個會計年度所賺得的盈餘，常被用來測出股東每股股份的獲利能力大小的指標，公式為本期純益減特別股股利後，再除以加權平均流動在外普通股股數。

本益比　又稱價格盈餘比率，是用股票的每股價格除以每股盈餘，此比率愈高表示股東要求的投資報酬率愈低。

純益率　是用本期純益除以本期銷貨淨額的比率，用來測出企業獲利能力的高低及成本和費用控制績效的好壞。

資產報酬率　用本期純益加稅後利息費用，除以全年度平均資產總額，用來測驗總資產的獲利能力。

資本報酬率　又稱股東權益報酬率，是以本期純益除以平均股東權益總額，用來測驗股東權益的獲利能力。

淨值　總資產減總負債便是淨值。一般而言，淨值部份包括股本、法定公積、資本公積、資產增值公積以及累積盈餘等項。

負債比率　企業資本形成有外來資本與自有資本兩種。研究企業資本結構時，就須研究兩者的相互關係，也就是，研究債權人權益與股東權益的關係；一般用以衡量彼此關係

時，則研究股東對企業的投資額（淨值）與債權人對企業的投資額（負債）的比率，計算公式為負債總額除以淨值。

賺取利息倍數　為稅前盈餘扣除利息費用後，再除以利息費用得出，此比率是用來衡量營業所得支付每年利息成本的程度。

每股淨值　用來判斷一個公司真正值多少的比率，公式為資產總額減負債總額後，再除以發行股數。

銷貨毛利率　銷貨毛利為銷貨收入與銷貨成本的差額，因此，此項差額的大小，直接影響企業的財務結構及營業成果，所以此比率愈高愈好。公式為銷貨毛利除以銷貨淨額。

資產負債表　表達一個企業在特定日期的財務狀況的報表，而所謂的財務狀況是指一個企業的資產、負債、業主權益，及相互之間的關係，而資產、負債、業主權益是資產負債表的三要素。

損益表　顯示企業某一段期間的經營成果，通常與資產負債表同時編製。

股東權益變動表　顯示企業在某一段期間內業主權益的增減變動情形。

現金流量表　是以現金流入和流出為基礎，用來說明企業在一特定期間的營業活動、投資活動及理財活動的會計報表。

集團股　指集團中相關企業之上市上櫃股票，其股價投

資有互相影響、互相比價的作用。

資產股 擁有眾多的土地之上市、上櫃公司。

防衛性股票 即指且看穩定的投資報酬或有固定股息股利收入的股票。當大勢不好時亦能守住價位的績優股亦屬此種股票。例如：中鋼、華信銀等。

攻擊性股票 即為買進具有價位變動率較大的熱門股或投機股性質的股票，求取其較大的價差。

摩根概念股 指摩根史坦利機構所選擇列入摩根史坦利指數的股票。

外資概念股 外資進入國內股市已經投資或可能投資的股票。

中國概念股 具有在大陸有轉投資題材的公司，其轉投資金額較大或者大陸之轉投資營收佔母公司營收比重高者。

黨股 黨營事業或中央投資機構的持股比重超過公司百分之五十，因黨政色彩濃厚，稱為黨股。像華航、開發、長榮等。

熱錢 一般指短期游資或投機性資金，為積極尋求套利空間而快速游走於各種有利可圖的投資機會，有時會刺激投資帶來正助益，但其負面影響如：通貨膨脹、匯率波動、投機風氣高漲及儲蓄率下降，若熱錢帶了投資利益，所致的問題均無法在短期內解決。

追蹤股（trackingstock） 追蹤股是由上市公司發行的

一種特殊股票，用來追蹤該上市公司某一部門的價值。追蹤股公開發行後，投資人可針對該部門從事買賣。因此，市場可藉由追蹤股的發行從而找出這個特定部門的價值。母公司可以選擇在公開市場發行追蹤股，也可以將發行對象局限於原有股東。此外，追蹤股的持有者通常沒有投票權，這是和普通股股東最大的差異。

空中交易 指民間自行組成的集中市場交易，買賣並不透過集中市場，即以買空賣空的方式喊單，此交易屬不合法行為。

37. 共勉集

在「籌碼線」還沒成為一本書之前，筆者透過親自教學的方式，在台灣教授將近數百名的學員，這些學員都是研究股市學問孜孜不倦的上進人，也都是不滿於現有基本面分析、技術分析的投資人。我很高興能把我自己獨創的「籌碼線」傳授給他們。

有人曾經在上課之前問我：「『籌碼線』如果真的如老師所說的好用的話！幹嘛您不要自己賺就好，還出來教學做什麼？」

我回答他說：「在我的眼裡，人生不只賺錢而已，更重要的是能把自己的研究心得分享出去，我在股市裡浸淫了十

四個年頭，如果最後結果只是自己在賺錢而已，那的確太對不起自己的努力，我有更宏觀的野心，想把這14年、23萬筆成交記錄的心得，傳授給有心學習的人，所謂『得天下之英才而教之，一大樂事也！』」

這些數百名的學員都是股市的英才，有人是以崇拜的心情來上課的、也有人是以挑戰的心情來上課的，不過不管怎麼樣，筆者都會細心教學，我佩服他們的是那顆求上進的心，而不是對我的個人推崇。我也確信他們在上完課之後，都有得到我認為是真理的東西回去，看到自己所研究的學問，得以發揚光大，沒有比這更能安慰我的。

以下是一些學員在課堂或回家後E-MAIL過來的問題，我把它登錄到本書的後面當作筆者與讀者的共同勉勵吧！

學員問：股票投資裡，什麼是最好的股票？

我回答：

不是公司營運最好的，也不是經營者是個優秀者，這些或許是該公司股價上漲的理由，但是不是真正的答案，真正的答案是：「別人還會再買的股票」，投資股票只有一個目的，就是拿回來的錢，要比拿出去的錢多，這叫做「獲利」。而想要獲利，在股市裡只有一個方法，那就是買到別人還會再買的股票。基本面、技術面都只是在輔助這個看法而已。所以，當它們失靈時，各位千萬不要訝異，因為沒有一個工具能夠真正判斷走勢的正確性。

如果你手中的持股，剛好是全台灣人當時都想買進擁有的股票，那恭喜你，你很快就會發一筆財富，可是若你手中的持股，投資人都覺得太高價了，或者，根本當作是破爛，完全不屑一顧的話，那時就算你手中持有的是高價股，也是會從黃金變成垃圾。

學員問：學會了老師的籌碼計算不是等於製造了許多個翻版的黃國洲嗎？我們的交易手法是否會和老師黃國洲一模一樣呢？市場會不會因此而失靈？

我回答：

我們之間還是會有相當大的差異，因為我會把我認為成功的交易方法全部交給你們，不過你們必須加上自己的判斷和個人操作風格。我比較喜歡學員學會之後，以此為範本，再轉變成自己的一套看法。所以，不會有同樣的我的問題產生，市場也不會因此而對籌碼的分析失靈，因為「價量」是市場成立的根本，沒有根本，市場將如何生存呢？

學員問：老師會不會介意把自己壓箱底的絕活全部傳授給別人？

我回答：

當然不會！我不像大部份的投顧老師，認為大家都知道方法之後，自己的方法（籌碼線）就會破功。其實，若是統

計方法正確，也只算是對股市交易有大致上的掌握而已。根本的成敗關鍵還在於「觀念」與「毅力」。觀念正確《突破股市瓶頸》一書要常讀，還要不斷的計算與統計籌碼，才可能有突出的投資表現。有時候，學員看到其他投資人聽聽明牌也可以達到同樣的效果，往往會很容易想放棄自己正確的路。因為我們的籌碼統計，知其然亦知其所以然，而一般的技術分析到了最關鍵時，往往都變成模棱兩可，不知所措，這是因為技術分析仍有落後的盲點。

學員問：老師，你課堂教的籌碼線似乎已經把股票簡單化，是不是做股票就是這麼簡單？

我回答：

你不要看「籌碼線」這麼簡單，一天只要畫上兩條線就認為它是簡單的，其實，它是我花了14年的心血，以及認真研究過所有的技術分析之後，才創立的指標。市面上的技術分析要不是太難，就是太複雜。真正原因在於它們只在「股價」上面作文章，忽略掉「量」，或許這跟沒人知道投資的真諦有關吧！籌碼線很成功的「結合價量」，把它們作很正確的比較，所以，籌碼線是我精心的傑作，你可要仔細運用它喔。

學員問：跟著老師時觀念不會偏差，可是自己一面對市

場，情緒很不穩定，我們該如何堅守這些原則？

我回答：

這點問的很好！其實，若讀通我所有的觀念，你對這個市場應該完全不會疑惑才對，如果面對市場的時候，還會有所疑惑，不知所措！那應該是：

①對自己沒信心。

②沒有認真做功課。

③實戰經驗太少。

第一點應該再回去把講義、把《突破股市瓶頸》一書讀通，要讀到面對股市，一點也不緊張，才算及格。

第二點應該多畫幾檔股票，多畫一些熱門股的籌碼線，主流（大量股）股可以不玩，但是，不能不做籌碼分析。應該多做幾檔籌碼分析，看股市時，就不會有功夫好，卻心虛；觀念了解，卻不敢下場操作的困擾。

第三點就比較好解決，實戰經驗太少，的確不敢下場，不過，只要先用十分之一的自有資金試單，就可以解決上述的問題了。先試單，然後再押寶，久而久之，膽子就來了。

學員問：如果看對了股票卻沒買到，該如何處理，買了又覺得太高可惜，不買又覺得牙癢癢的。

我回答：

我們的交易機會不是50％，也不是30％、而是一剎那的

時機！往往在一瞬間不決定就會後悔。看對行情不會讓我們富有！做對了單也不一定讓我們富有，而且真正的漂亮成交價，當時的量並不會很多，買進的訊號來時，我確定十之八、九（包含老師）的人，不會當場買進，我原先在盤中做電視節目的時候，常常無法第一時間停損持股，因為沒辦法下單，所以，時常錯過良機。該買的沒買，該賣的沒賣，這時候的我們好像一個孤兒一樣！該怎麼辦？

應該以「勢」、以「買氣」為師，只要明天還能漲就應該買。該跟上就繼續跟上，該下車就毫不猶豫下車，否則以後對行情只能「目迎、目送」時。那才叫做「鬱卒」。

學員問：（續問）如果追錯了，套到了，那該怎麼辦？

我回答：

（微笑）套到了，各位說應該怎麼辦？（眾學員回答：停損）對！停損。只要會停損就不可能會套牢的，各位千萬要記住，十個停損勝於一個套牢。不過剛才的問題，不應該只講停損而已，應該說當沖停損，或者是隔日停損。應該切記，一買股票之後，停損就要隨時準備著，但是先決條件仍然是，看籌碼結構有沒有變差，如果沒有變差，不必急著停損持股。滿意了嗎？

學員問：如果老師在就好了，可以馬上問可不可以買？

我回答：

（微笑）那我可能會被分割的七零八落。事實上，我在場也是沒用，你賺的錢我可不會向你要的，真正原因是單股的籌碼計算，你已經計算好了，可能我也沒計算該股，無法提供真正的切入點。所以，自己的問題只有你自己能解決，我在場只會礙手礙腳的（眾學員大笑）。

不過，我可以告訴你一個準則，那就是，充分統計之後，然後盡情去交易，充分的努力計算之後，信任數據，信任自己的直覺，你一定要善用機會去開創自己的世界，對自己的出擊要有信心，若對自己的信心產生懷疑，這將會是個失敗的人生，千萬不要如此！

學員問：我們在作一個買進或賣出的決定時，應該以怎樣的態度面對？

我回答：

這問題問的很好，真正決定獲利或者損失，其實就是在於買賣一剎那決定正確與否！而下決定時受到的干擾很大，有時候會被盤面影響。最近我聽了一個教育家的一席話，他說：「當大人要管教或責備一個小孩的時候，一定要有很嚴格的自省能力，自省自己所說出來的話，是出自於真正對於小孩子有幫助，還是只是大人自己在發脾氣而已。」我覺得他能說出這句話，可說他是一位真正的教育家。

套他的智慧，我們也可以說，當我們在下一個買賣決定的時候，也應該自省是計算籌碼出來的呢？還是屬於情緒上的反應的呢？以這兩個方向來判斷決定的真偽。若屬於是計算籌碼出來的結果，那就大膽去做。若只是屬於情緒上的反應，那就應該馬上停止。

學員問：

試問老師看軟體也是要天天自己畫吧！

再請教老師一些問題謝謝老師您的回答。

①外資加投信加自營商加上集保加上散戶（融資），去和當日成交量去做比較是何時要注意的做法？

②當天的最大量有三四個都差不多高呢該如何取捨？

③看盤軟體中的主力買賣超又是根據那裡得來的？

④集保該從何項數據去尋找？

⑤散戶是否要看融資還是融資加融券呢？

⑥像是這次老師是否先叫我們從三大法人買超開始，至於券商進出表是否是再根據三大法人買超再去做個股券商進出表的研究呢？

我回答：

我是看上的股票，落點漂亮才會畫籌碼線的，因為我用轟天雷系統要抓價量很容易，上課的那些資料，也是把美國線叫出來之後，才畫上大量線的。大量線應該以三條為最多

限制，不可再多，否則反而影響判斷。

①外資加投信加自營商加上集保加上散戶（融資），去和當日成交量去做比較是當成交量異常才做的動作，它是要配合券商進出表看的，跟籌碼線關聯不大。

②當籌碼線出現三條大量線，就全部畫上去，應該注意此時紅線與黑線的關係，而且那天的成交量要注意週轉率的大小。此時的籌碼線的重點在於與其他日相比較，當天若判斷不出來，就應該與前幾日相比較畫出籌碼趨勢，也就是買氣的有、無、高、低。

③看盤軟體中的主力買賣超又是根據那裡得來的？

答：那是軟體廠商自己抓的數據，我也無法得知它們是根據何種數據得知的。

④集保該從何項數據去尋找？

答：交易所當天下午都會公佈。

⑤散戶是否要看融資還是融資加融券呢？

答：散戶看融資的增減，只是比較粗糙的看法，應該有部分的集保都是散戶做成的。但是，籌碼的落點判斷不出來的話，就倚重籌碼線判斷。

⑥像是這次老師是否先叫我們從三大法人買超開始，至於券商進出表是否是再根據三大法人買超再去做個股券商進出表的研究呢？

答：股票怎麼得知不重要，除非把九百多檔天天畫籌碼

線，否則總有遺珠之憾，但是看到①價量表分佈漂亮、②成交量能增加、③三大法人進貨、④自行交割庫存增加。都是要去算籌碼線的。我的最大願望就是有一天能成立一個機構，天天計算所有上市上櫃公司的籌碼，雖然工程浩大，但一旦做出來，台灣股市的任何風吹草動都逃離不了我的眼底了。

學員問：

黃老師您好！非常感謝5/18的熱心教授，關於教除權套利仍有不明白之處。

是要除權前一天收盤時買進參加除權，除權後再抱個3、4天，賣出除權股票並融券權值（虛空），於權值股票領到之日，辦理現券償還？還是除權當天買進除權後折價，除權後再抱個3，4天，賺除權後第一至四天的價差落差買氣？

我回答：

要套利當然要在除權前一天套利，這才符合我聽勁的精神，等到跟別人一起搶除權後的低價股，反而危險，看不對勁，可能第一天就賣光股票，加上放空子股。若是跟著除權後買進，反而危險，因為我不當沖的。

學員問：

賣出除權股票並融券權值（虛空），那等三個月後權值股票領到之日，辦理現券償還，拿回九成融券保證金為何還

有多一項擔保品的錢？融券權值（虛空）有價差利潤嗎？另賣出除權股票並融券權值（虛空）是為鎖住剛除完權的利潤，避免在領到配股期間的配股股價下跌風險，但若融券權值（虛空）股價反而上漲至完全填權，不是虧大了？融券權值（虛空單）被軋時，辦理現券償還要從九成融券保證金扣錢嗎？

　　我回答：

　　被軋就被軋，因為您拿得出股票來現券償還，根本無所謂被軋的問題，只要您辦理現券償還，擔保品的錢？證券商會還給您，還會加上利息。然後再計算價差給您。至於融券權值（虛空）股價反而上漲至完全填權的問題，因為我們已經套好利了，沒有所謂的虧損，只要在拿到子股的時候，把子股還給券商就可以了。因為套利是套投資人預期除權行情的利，至於後來是否真的填權，不在此項討論範圍，不可混為一談。

　　學員問：

　　參加除權一定要用現股嗎？因沒操作過除權套利請多包涵。

　　我回答：

　　除權套利不一定要用現股買進，也可融資，不過除權前五天不可能以融資買進（因為停止融資、融券），要把戰線

推升到五天前，可能又不符合套利的精神，因為風險又產生出來了。

學員問：

黃老師您好！請教您常看媒體報導三大法人沖銷多少億…，三大法人不是只能做現股買賣交易嗎？不能做融資融券嗎？不是今天買股，明天才能賣股嗎？（無法做信用交易資券當日沖銷），所以媒體報導三大法人的沖銷是指「隔日沖銷」吧!?不知我的觀念是否有誤？抑或遊戲規則改變了？

我回答：

三大法人只能做現股買賣，不能做融資融券，這點完全正確。不過它可以把已經買進的庫存股票作沖銷，這點我代法人操盤時也常用到。譬如說：把已有的精英賣2050張，今日再買進2100張，這樣一來，我在帳面上就只有增加五十張的精英，可是成交量卻被我做出來了，順便賺賺價差，如果當日又是收最高，就有點引誘別人進場護自己的股票的意思，當天在券商進出表也只顯示我只增加50精英而已，可能根本排不到排行，但是我卻是當天的主力。所以，券商進出表不常看，是看不出端倪的。

上面是講個股沖銷，還有一種沖銷是指金額的沖銷，例如：買50億，再賣48億，就只有買超2億元而已，至於股票則是汰弱換強，這是金額的沖銷。

　　還有的是與海外發行的ＡＤＲ作沖銷套利的，也算是法人的沖銷。大致上是這三種模式的交互運用。

　　學員問：

　　①我上完課後抓了三大法人的最近一日和五日買超前三十名。

　　　　然後配合價量表→成交量＋週轉率→竟然還有三十多檔。

　　　　我就開始每檔用方眼紙來畫籌碼線（找出主力券商）等兩三天後有漂亮買點就出手。當然每天還會再參照新增加的三大法人買超做增減，不知這樣對否。

　　②集保該找交易所的那一項數據呢可否為學生指出似乎沒有個股當天的資料。

　　③自行交割除了股東申報轉讓還有那些呢？

　　我回答：

　　①三大法人買超部分，應該注意剛剛小買超的個股，把它抓出來畫籌碼線。至於已經買超前五名，甚至前十名的個股，它們已經著墨太深，此時介入就有點慢了。不是不可以，但是要畫出籌碼線，短線操作。要照我書中的精神去做，嚴設停損。

　　②集保數據我是依照精業、轟天雷、神呼奇機、好像網路蕃薯藤股市欄裡個股也會有，不算難找啦。

③講義上已經提示的很清楚了。三大法人、大戶、主力、大股東、都很會利用這項做股票交割的動作。

有問題再問沒關係，不過我比較偏向建議先畫上幾十張的籌碼線之後，再回頭看股市，那時的你會發現你已經超越同輩、甚至一些投顧老師的水準了。所謂談笑用兵、運籌帷幄之間也不過是此境界。

學員問：

今日台股重挫215點，是不是老師在講義上所講的籌碼潰散點就是股價起漲點，這邊是不是起漲點？

我回答：

股票要漲、要跌都有一定的程序，這個程序我在課程中已經提示過了，至於這裡是不是籌碼潰散點、股價起漲點，我覺得不是，這裡只是買氣崩潰的循環而已，我們看三大法人只合計賣超17.19億元，表示它們其實還沒完全加入大賣超的行列，這就是我在課堂中說的，三大法人很會買但是不會賣。至於籌碼潰散點、股價起漲點的定義，應該是出現買賣混亂的時候，三大法人有買超也有賣超，金額都不大，集保、融資也是一樣。這樣才是籌碼完全的崩潰點，至於這時我覺得還是畫畫籌碼線玩玩就好。

還有一項很好看的指標就是成交量，如果股價屬於下跌走勢的話，會不會反彈看當日成交量是否低於500億，若是

低於五百億就是一個很好的切入點哦,因為此時的籌碼已經潰散的差不多了。

學員問:

小弟在股票市場中資歷不深,所以對於各個券商所代表的色彩不甚清楚;不知道老師是否有空,能將有主力色彩的券商列出;以及會代表散戶的大型券商又為何?(或是老師知道哪裡可以找到券商排名表小弟在此先謝過黃老師:祝操作順利。

我回答

有主力色彩的券商大部分是較小的券商,因為小券商能生存在市場上,確實有他們特點,一般都會有大戶在撐腰,所以,主力經常隱藏在裡面,至於券商排行的問題,大概交易所的資訊可以告訴您,以下是交易所的網址,沒事多去逛逛,會有很多收穫喔!

http://www.tse.com.tw/home.htm

學員問:

請問黃老師,券商進出表版本有出入,該如何取捨?5/20奇摩與精業的券商進出表大致相同,但是奇摩多了最後一行

復華綜合　506　383　+123　中信銀證　31　209　-178

但奇摩沒有這一項,

| 自營商 | 70 | 1295 | -122 |

如何取捨運用呢？又該表就代表當天三大法人的進出明細嗎？還請指點，謝謝！

我回答：

如果券商進出表有問題，可以到交易所的網站去查詢。一般而言我解決的方法，可能不會如此費心，我會比較工商、經濟、精業三套系統，差別不至於太大，不過我還是建議多畫籌碼線，至少要畫上三十張以上。我說過，如果讓我只選一樣當作選股的標的的話，我一定會選「籌碼線」的。分價量表、券商進出表點還是看不出高低價差，但是，籌碼線就可以看出買氣的有無了。

三大法人的進出明細是另一套表格，和券商進出表不同，在報紙和電腦系統都有，不可混為一談。

學員問：

黃老師，你好！籌碼精算課程講義p.11…投信的三分之一政策是指什麼？煩請解惑。謝謝！

我回答：

投信的三分之一政策是指他們對於操盤人的待遇，操盤一年下來，績效前三分之一的操盤人可以拿到紅利，中間的三分之一操盤人，只能保住職務留校查看，只領薪水。後三

分之一的操盤人，則被火燒到，離開他們的位置。這就是投信操盤人的下場。所以，投信操盤人常常在作帳行情的時候，拱自己的股票另外殺別人的股票。他們這時候的眼裡只有保住飯碗，哪有善良管理人的影子，買基金的錢此時都被當作冤大頭來使用了。這叫做金玉其表，敗絮其中，他們也是被環境所逼。所以，自己有空一定要自己買股票，投信我也涉獵甚深，本來不想講的，既然你提到了，就提一下吧。

學員問：

請問老師：中南部學生眾多，何時考慮開課？如無法北上上課，是否開放函授？謝謝!!

我回答：

其實我也很想和中南部的讀者交流一下，尤其我覺得真的是好東西的時候，真想和一些朋友分享，有位學員私下跟我說，他覺得這套「籌碼線」真是不錯，就是收三萬元他也會來學，他還不斷的來學習修正他的技術，我想他以後應該不會再看不懂盤了。

我是抱著隨緣的態度，中南部只要夠成本的話，二話不說，我也會下去教學。

至於函授，我想可行性不高，這也是我採取小班教學的原因，因為我必須先打通投資朋友的觀念，再導到籌碼線。之後學員才能運用，之後也才能自己獨立運算。若函授可能

沒辦法把精神掌握住。這點先跟您說聲抱歉。您可等我的**籌碼線**的書出版再自行到書局購買。

學員問：老師我再綜合一下您的看法，第一，先去三大法人進出表找出他們剛買超的個股，第二，再畫**籌碼線**對不對？

我回答：

沒錯！這樣的程序沒錯，不過更完備的應該是，第一，先在三大法人進出表找出他們剛買超的個股，第二，看券商進出表，第三，先看週轉率，第四，再看分價量表，第五，畫**籌碼線**，第六，尾盤進場。

不過自己已經有的持股一定要天天畫籌碼線，該賣掉的時候就該賣掉不可留念。有空的話，最好連一些熱門股也應該要畫畫籌碼線，算是對「時勢」有更多的了解，多畫籌碼線絕對不會變壞，多畫、多看是讓自己功力提升最快速的方法。

38.讀友會

在我教授的學員中，有老有少、有男有女、學歷有高有低，最大的特色就是都看過筆者寫的書，然後主動與筆者聯絡過，有人是打電話，有人是寫E-MAIL。所以，因此當筆

者對股市的研究有所突破時，便很容易找到他們，把方法教給了他們，他們也因此成了第一批「籌碼線」的受益者。

如果您讀完本書覺得有收穫的話，筆者希望您也能像他們一樣，捎個信來告訴我，您可以寄封E-MAIL過來，我的電子郵箱是gwojoe@yahoo.com.tw，如果您沒使用電子信箱也可以直接寫封信到出版社，信封上面註明煩轉黃國洲，這樣我也可以收到。信的內容長短都沒關係，哪怕是寥寥數語也無所謂，我將會把您的來信，根據您給的資料（姓名、電話、地址、E-MAIL）編成「讀友會」的成員。當筆者覺得股市行情有所起色，或者行情將要下跌，或者覺得某些股票走勢不錯，或者有演講要開辦時，都會在第一時間以E-MAIL或信件通知您，您可以依據自己的需求加以取捨。

為什麼要如此呢？因為您能看到這一頁，表示您與筆者有某程度的契合，我覺得我們可以在投資領域上成為朋友。身為朋友的我也想要維持這份友誼，並且想回饋您，我會找出時間將我對股市的看法，不定期但源源不絕的告訴您，也期待彼此能有見面的一天。

感謝您購買本書。

黃國洲

大展出版社有限公司
品冠文化出版社

圖書目錄

地址：台北市北投區（石牌）　電話：(02)28236031
致遠一路二段 12 巷 1 號　　　28236033
郵撥：01669551＜大展＞　　　28233123
19346241＜品冠＞　傳真：(02)28272069

·熱門新知· 品冠編號 67

1.	圖解基因與 DNA		中原英臣主編	230 元
2.	圖解人體的神奇	（精）	米山公啟主編	230 元
3.	圖解腦與心的構造	（精）	永田和哉主編	230 元
4.	圖解科學的神奇	（精）	鳥海光弘主編	230 元
5.	圖解數學的神奇	（精）	柳谷晃著	250 元
6.	圖解基因操作	（精）	海老原充主編	230 元
7.	圖解後基因組	（精）	才園哲人著	230 元
8.	圖解再生醫療的構造與未來		才園哲人著	230 元
9.	圖解保護身體的免疫構造		才園哲人著	230 元
10.	90 分鐘了解尖端技術的結構		志村幸雄著	280 元
11.	人體解剖學歌訣		張元生主編	200 元

·名人選輯· 品冠編號 671

1.	佛洛伊德	傅陽主編	200 元
2.	莎士比亞	傅陽主編	200 元
3.	蘇格拉底	傅陽主編	200 元
4.	盧梭	傅陽主編	200 元
5.	歌德	傅陽主編	200 元
6.	培根	傅陽主編	200 元
7.	但丁	傅陽主編	200 元
8.	西蒙波娃	傅陽主編	200 元

·圍棋輕鬆學· 品冠編號 68

1.	圍棋六日通	李曉佳編著	160 元
2.	布局的對策	吳玉林等編著	250 元
3.	定石的運用	吳玉林等編著	280 元
4.	死活的要點	吳玉林等編著	250 元
5.	中盤的妙手	吳玉林等編著	300 元
6.	收官的技巧	吳玉林等編著	250 元
7.	中國名手名局賞析	沙舟編著	300 元
8.	日韓名手名局賞析	沙舟編著	330 元

・象棋輕鬆學・品冠編號 69

1. 象棋開局精要　　　　　　　方長勤審校　280 元
2. 象棋中局薈萃　　　　　　　言穆江著　　280 元
3. 象棋殘局精粹　　　　　　　黃大昌著　　280 元
4. 象棋精巧短局　　　　石鏞、石煉編著　280 元

・生　活　廣　場・品冠編號 61

1. 366 天誕生星　　　　　　　李芳黛譯　　280 元
2. 366 天誕生花與誕生石　　　李芳黛譯　　280 元
3. 科學命相　　　　　　　　　淺野八郎著　220 元
4. 已知的他界科學　　　　　　陳蒼杰譯　　220 元
5. 開拓未來的他界科學　　　　陳蒼杰譯　　220 元
6. 世紀末變態心理犯罪檔案　　沈永嘉譯　　240 元
7. 366 天開運年鑑　　　　　　林廷宇編著　230 元
8. 色彩學與你　　　　　　　　野村順一著　230 元
9. 科學手相　　　　　　　　　淺野八郎著　230 元
10. 你也能成為戀愛高手　　　　柯富陽編著　220 元
12. 動物測驗─人性現形　　　　淺野八郎著　200 元
13. 愛情、幸福完全自測　　　　淺野八郎著　200 元
14. 輕鬆攻佔女性　　　　　　　趙奕世編著　230 元
15. 解讀命運密碼　　　　　　　郭宗德著　　200 元
16. 由客家了解亞洲　　　　　　高木桂藏著　220 元

・血型系列・品冠編號 611

1. A 血型與十二生肖　　　　　萬年青主編　180 元
2. B 血型與十二生肖　　　　　萬年青主編　180 元
3. O 血型與十二生肖　　　　　萬年青主編　180 元
4. AB 血型與十二生肖　　　　　萬年青主編　180 元
5. 血型與十二星座　　　　　　許淑瑛編著　230 元

・女醫師系列・品冠編號 62

1. 子宮內膜症　　　　　　　國府田清子著　200 元
2. 子宮肌瘤　　　　　　　　黑島淳子著　　200 元
3. 上班女性的壓力症候群　　池下育子著　　200 元
4. 漏尿、尿失禁　　　　　　中田真木著　　200 元
5. 高齡生產　　　　　　　　大鷹美子著　　200 元
6. 子宮癌　　　　　　　　　上坊敏子著　　200 元
7. 避孕　　　　　　　　　　早乙女智子著　200 元
8. 不孕症　　　　　　　　　中村春根著　　200 元
9. 生理痛與生理不順　　　　堀口雅子著　　200 元

10. 更年期　　　　　　　　　野末悅子著　200元

・傳統民俗療法・ 品冠編號 63

1. 神奇刀療法	潘文雄著	200元
2. 神奇拍打療法	安在峰著	200元
3. 神奇拔罐療法	安在峰著	200元
4. 神奇艾灸療法	安在峰著	200元
5. 神奇貼敷療法	安在峰著	200元
6. 神奇薰洗療法	安在峰著	200元
7. 神奇耳穴療法	安在峰著	200元
8. 神奇指針療法	安在峰著	200元
9. 神奇藥酒療法	安在峰著	200元
10. 神奇藥茶療法	安在峰著	200元
11. 神奇推拿療法	張貴荷著	200元
12. 神奇止痛療法	漆 浩 著	200元
13. 神奇天然藥食物療法	李琳編著	200元
14. 神奇新穴療法	吳德華編著	200元
15. 神奇小針刀療法	韋丹主編	200元
16. 神奇刮痧療法	童佼寅主編	200元
17. 神奇氣功療法	陳坤編著	200元

・常見病藥膳調養叢書・ 品冠編號 631

1. 脂肪肝四季飲食	蕭守貴著	200元
2. 高血壓四季飲食	秦玖剛著	200元
3. 慢性腎炎四季飲食	魏從強著	200元
4. 高脂血症四季飲食	薛輝著	200元
5. 慢性胃炎四季飲食	馬秉祥著	200元
6. 糖尿病四季飲食	王耀獻著	200元
7. 癌症四季飲食	李忠著	200元
8. 痛風四季飲食	魯焰主編	200元
9. 肝炎四季飲食	王虹等著	200元
10. 肥胖症四季飲食	李偉等著	200元
11. 膽囊炎、膽石症四季飲食	謝春娥著	200元

・彩色圖解保健・ 品冠編號 64

1. 瘦身	主婦之友社	300元
2. 腰痛	主婦之友社	300元
3. 肩膀痠痛	主婦之友社	300元
4. 腰、膝、腳的疼痛	主婦之友社	300元
5. 壓力、精神疲勞	主婦之友社	300元
6. 眼睛疲勞、視力減退	主婦之友社	300元

·休閒保健叢書·品冠編號641

1. 瘦身保健按摩術　　　　　閻慶漢主編　200元
2. 顏面美容保健按摩術　　　閻慶漢主編　200元
3. 足部保健按摩術　　　　　閻慶漢主編　200元
4. 養生保健按摩術　　　　　閻慶漢主編　280元
5. 頭部穴道保健術　　　　　柯富陽主編　180元
6. 健身醫療運動處方　　　　鄭寶田主編　230元
7. 實用美容美體點穴術＋VCD　李芬莉主編　350元

·心想事成·品冠編號65

1. 魔法愛情點心　　　　　　結城莫拉著　120元
2. 可愛手工飾品　　　　　　結城莫拉著　120元
3. 可愛打扮 & 髮型　　　　結城莫拉著　120元
4. 撲克牌算命　　　　　　　結城莫拉著　120元

·健康新視野·品冠編號651

1. 怎樣讓孩子遠離意外傷害　高溥超等主編　230元
2. 使孩子聰明的鹼性食品　　高溥超等主編　230元
3. 食物中的降糖藥　　　　　高溥超等主編　230元

·少年偵探·品冠編號66

1. 怪盜二十面相　　（精）江戶川亂步著　特價189元
2. 少年偵探團　　　（精）江戶川亂步著　特價189元
3. 妖怪博士　　　　（精）江戶川亂步著　特價189元
4. 大金塊　　　　　（精）江戶川亂步著　特價230元
5. 青銅魔人　　　　（精）江戶川亂步著　特價230元
6. 地底魔術王　　　（精）江戶川亂步著　特價230元
7. 透明怪人　　　　（精）江戶川亂步著　特價230元
8. 怪人四十面相　　（精）江戶川亂步著　特價230元
9. 宇宙怪人　　　　（精）江戶川亂步著　特價230元
10. 恐怖的鐵塔王國　（精）江戶川亂步著　特價230元
11. 灰色巨人　　　　（精）江戶川亂步著　特價230元
12. 海底魔術師　　　（精）江戶川亂步著　特價230元
13. 黃金豹　　　　　（精）江戶川亂步著　特價230元
14. 魔法博士　　　　（精）江戶川亂步著　特價230元
15. 馬戲怪人　　　　（精）江戶川亂步著　特價230元
16. 魔人銅鑼　　　　（精）江戶川亂步著　特價230元
17. 魔法人偶　　　　（精）江戶川亂步著　特價230元
18. 奇面城的秘密　　（精）江戶川亂步著　特價230元
19. 夜光人　　　　　（精）江戶川亂步著　特價230元

・武 術 特 輯・大展編號 10

·國際武術競賽套路· 大展編號 103

1.	長拳	李巧玲執筆	220 元
2.	劍術	程慧琨執筆	220 元
3.	刀術	劉同為執筆	220 元
4.	槍術	張躍寧執筆	220 元
5.	棍術	殷玉柱執筆	220 元

·簡化太極拳· 大展編號 104

1.	陳式太極拳十三式	陳正雷編著	200 元
2.	楊式太極拳十三式	楊振鐸編著	200 元
3.	吳式太極拳十三式	李秉慈編著	200 元
4.	武式太極拳十三式	喬松茂編著	200 元
5.	孫式太極拳十三式	孫劍雲編著	200 元
6.	趙堡太極拳十三式	王海洲編著	200 元

·導引養生功· 大展編號 105

1.	疏筋壯骨功＋VCD	張廣德著	350 元
2.	導引保建功＋VCD	張廣德著	350 元
3.	頤身九段錦＋VCD	張廣德著	350 元
4.	九九還童功＋VCD	張廣德著	350 元
5.	舒心平血功＋VCD	張廣德著	350 元
6.	益氣養肺功＋VCD	張廣德著	350 元
7.	養生太極扇＋VCD	張廣德著	350 元
8.	養生太極棒＋VCD	張廣德著	350 元
9.	導引養生形體詩韻＋VCD	張廣德著	350 元
10.	四十九式經絡動功＋VCD	張廣德著	350 元

·中國當代太極拳名家名著· 大展編號 106

1.	李德印太極拳規範教程	李德印著	550 元
2.	王培生吳式太極拳詮真	王培生著	500 元
3.	喬松茂武式太極拳詮真	喬松茂著	450 元
4.	孫劍雲孫式太極拳詮真	孫劍雲著	350 元
5.	王海洲趙堡太極拳詮真	王海洲著	500 元
6.	鄭琛太極拳道詮真	鄭琛著	450 元
7.	沈壽太極拳文集	沈壽著	630 元

·古代健身功法· 大展編號 107

1.	練功十八法	蕭凌編著	200 元

2. 十段錦運動　　　　　　　　劉時榮編著　180 元
3. 二十八式長壽健身操　　　　劉時榮著　　180 元
4. 三十二式太極雙扇　　　　　劉時榮著　　160 元
5. 龍形九勢健身法　　　　　　武世俊著　　180 元

・太極跤/格鬥八極系列・大展編號 108

1. 太極防身術　　　　　　　　郭慎著　　　300 元
2. 擒拿術　　　　　　　　　　郭慎著　　　280 元
3. 中國式摔角　　　　　　　　郭慎著　　　350 元
11. 格鬥八極拳之小八極〈全組手篇〉　鄭朝烜著　250 元

・輕鬆學武術・大展編號 109

1. 二十四式太極拳(附 VCD)　　　王飛編著　　250 元
2. 四十二式太極拳(附 VCD)　　　王飛編著　　250 元
3. 八式十六式太極拳(附 VCD)　曾天雪編著　250 元
4. 三十二式太極劍(附 VCD)　　秦子來編著　250 元
5. 四十二式太極劍(附 VCD)　　　王飛編著　　250 元
6. 二十八式木蘭拳(附 VCD)　　秦子來編著　250 元
7. 三十八式木蘭扇(附 VCD)　　秦子來編著　250 元
8. 四十八式木蘭劍(附 VCD)　　秦子來編著　250 元

・原地太極拳系列・大展編號 11

1. 原地綜合太極拳 24 式　　　胡啟賢創編　220 元
2. 原地活步太極拳 42 式　　　胡啟賢創編　200 元
3. 原地簡化太極拳 24 式　　　胡啟賢創編　200 元
4. 原地太極拳 12 式　　　　　胡啟賢創編　200 元
5. 原地青少年太極拳 22 式　　胡啟賢創編　220 元
6. 原地兒童太極拳 10 捶 16 式　胡啟賢創編　180 元

・名師出高徒・大展編號 111

1. 武術基本功與基本動作　　　劉玉萍編著　200 元
2. 長拳入門與精進　　　　　　吳彬等著　　220 元
3. 劍術刀術入門與精進　　　　楊柏龍等著　220 元
4. 棍術、槍術入門與精進　　　邱丕相編著　220 元
5. 南拳入門與精進　　　　　　朱瑞琪編著　220 元
6. 散手入門與精進　　　　　　張山等著　　220 元
7. 太極拳入門與精進　　　　　李德印編著　280 元
8. 太極推手入門與精進　　　　田金龍編著　220 元

國家圖書館出版品預行編目資料

籌碼決定論／黃國洲 著
－初版－臺北市，大展，2003 年〔民 92〕
面；21 公分－（理財、投資；3）
ISBN 978-957-468-208-9（平裝）
1.證券　2.投資
563.53　　　　　　　　　　　　　92002170

籌碼決定論 - 抓飆股之最佳利器

著　　者／黃 國 洲
發 行 人／蔡 森 明
出 版 者／大展出版社有限公司
社　　址／台北市北投區（石牌）致遠一路 2 段 12 巷 1 號
電　　話／(02) 28236031・28236033・28233123
傳　　真／(02) 28272069
郵政劃撥／01669551
網　　址／www.dah-jaan.com.tw
E - m a i l／service@dah-jaan.com.tw
登 記 證／局版臺業字第 2171 號
承 印 者／傳興印刷有限公司
裝　　訂／佳昇興業有限公司
排 版 者／千兵企業有限公司
初版 1 刷／2003 年（民 92）4 月
初版 7 刷／2020 年（民 109）9 月

定價／~~330 元~~
特價／249 元

大展好書　好書大展
品嘗好書　冠群可期

大展好書　好書大展
品嘗好書　冠群可期